E. M. Bounds

120 meditaciones para nutrir el espíritu y refrescar el alma

E. M. Bounds

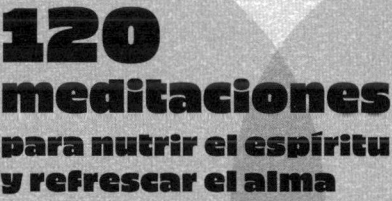

120 meditaciones
para nutrir el espíritu y refrescar el alma

PATMOS

E. M. Bounds: 120 meditaciones para nutrir el espíritu y refrescar el alma
©2024 por Editorial Patmos

Publicado por Editorial Patmos
Miramar, FL 33027

Todos los derechos reservados.

Publicado originalmente en inglés por Cook Communications Ministries,
4050, Lee Vance View, Colorado Springs, CO 80918, con el título *The Best of
E. M. Bounds* © 2006 por Cook Communications Ministries.

A menos que se indique lo contrario, las citas bíblicas han sido tomadas de
la Santa Biblia, NUEVA VERSIÓN INTERNACIONAL® NVI® © 1999,
2015, 2022 por Biblica, Inc.® Usado con permiso de Biblica, Inc.® Reservados
todos los derechos en todo el mundo.

Las citas bíblicas indicadas como «RVR1960» han sido tomadas de la
Reina-Valera 1960 ® © Sociedades Bíblicas en América Latina, 1960.
Renovado © Sociedades Bíblicas Unidas, 1988. Utilizado con permiso.
Reina-Valera 1960® es una marca registrada de Sociedades Bíblicas Unidas,
y se puede usar solamente bajo licencia.

Traducido por Rogelio Díaz-Díaz.
Diseño de portada e interior por Adrián Romano.

ISBN: 978-1-64691-385-5

Categoría: Devocional.

Impreso en Brasil | *Printed in Brazil*

Nota del Editor: Las selecciones de este libro han sido «modernizadas
ligeramente» para el lector actual. Las palabras, las frases y las estructuras de
las oraciones se han actualizado por claridad y legibilidad; se han combinado
títulos de capítulos nuevos y versículos de las Escrituras con extractos del texto
de E. M. Bounds. Se ha hecho el esfuerzo de preservar la integridad e intención
de los escritos originales de Bounds. Se incluye preguntas de reflexión al final de
cada lectura para ayudar a la exploración personal y discusión de grupo.

E. M. Bounds: un hombre de influencia silenciosa pero profunda

En vida Edgard McKendree Bounds (1835–1913) nunca atrajo a una gran multitud, ni ganó mucha notoriedad ni realizó algo famoso. Tras cinco décadas de fiel ministerio todavía era virtualmente desconocido más allá de las comunidades en donde sirvió como pastor o evangelista itinerante. Más aún, de los ocho libros que escribió sobre el tema de la oración, solamente dos fueron publicados mientras vivía. Como muchos otros siervos del Señor a través de los siglos, Bounds vivió con diligencia su fe sin esperar aprobación u honores terrenales.

Dada su humilde vida de servicio, resulta irónico que hoy, un siglo después de su muerte, Bounds sea reconocido ampliamente como el más importante pensador y escritor sobre el tópico de la oración. Numerosos académicos, profesores y pastores le rinden tributo a Bounds como alguien que sondeó las profundidades de la oración como pocos lo hicieron antes o después de él.

Su biógrafo David Smithers anota que «aunque desconocido y sin reconocimiento mientras vivió, Bounds es reconocido ahora por la mayoría de cristianos evangélicos como el escritor más prolífico y ferviente sobre el tema de la oración».

Nació en el Condado de Shelby, estado de Missouri y tuvo la bendición de ser criado por padres piadosos. Su padre fue un exitoso hombre de negocios y devoto cristiano laico, quien jugó papel importante en el establecimiento de la Primera Iglesia Metodista en Shelbyville. En su juventud E. M. asistió a las escuelas locales y estudió con persistencia las Escrituras así como los escritos de Juan Wesley.

La aflicción visitó a E. M. y su familia en 1849 cuando su padre contrajo tuberculosis y murió a la edad de cuarenta y cuatro años. Entonces E. M. tenía tan solo catorce años. Posteriormente éste relataba que la muerte de su padre despertó en él un ferviente deseo de conocer a Dios de una manera más personal y profunda.

No obstante, faltaban algunos años para que se dedicara al ministerio profesional. Poco después de la muerte del padre, E. M. y Charles, su hermano mayor, se aventuraron a viajar de Missouri a Mesquite Canyon, California, como parte del éxodo por la fiebre del oro. Sus sueños de riqueza rápida y abundante se desvanecieron gradualmente ante la realidad de las duras condiciones de vida y de largas horas de trabajo extenuante con poca remuneración. Peor aún, los hermanos Bounds estaban consternados por la degradación moral de sus compañeros mineros quienes frecuentaban burdeles, cantinas y casinos. Tras cuatro años infructuosos, E. M. y Charles regresaron a casa.

De regreso en Missouri, Bounds estudió leyes y a la edad de veintiún años se convirtió en el abogado más joven del estado. Continuó por cuatro años ejerciendo su profesión de abogado hasta que sintió el llamado al ministerio de tiempo completo. Fue ordenado en 1859 y nombrado luego pastor de la pequeña congregación Metodista de Monticello, Missouri.

Dos años después, cuando comenzó la guerra civil, Bounds se enroló en el ejército de los Estados Confederados como capellán. Muy pronto fue encarcelado junto con otros centenares de no combatientes y soportó terribles condiciones en la prisión durante mes y medio. Cuando fue liberado viajó a pie más de ciento sesenta kilómetros para reunirse con el Tercer Regimiento de Infantería de Missouri.

A pesar de su porte humilde demostró ser un hombre de gran valor. Como capellán pudo haber permanecido seguro alejado del frente de combate, pero escogió estar con los soldados en medio del fuego de la batalla. Estuvo en medio de feroces campañas y fue testigo presencial de los horrores de la guerra. Contra la opinión de sus compañeros capellanes Bounds permaneció en Vicksburg durante el asedio y ministró a los ciudadanos y soldados asolados por la guerra.

En los intermedios entre una y otra batalla Bounds predicaba en las iglesias locales donde numerosos pobladores y soldados se hicieron cristianos y muchos más recibieron consuelo de su abnegado ministerio. Según el historiador Charles Jennings, Bounds posteriormente sobrevivió a la batalla de Atlanta y a la masacre de Franklin, Tennessee, en donde recibió una grave herida en la cabeza de un sable de la Unión. Cayó prisionero por segunda vez después de la campaña de Franklin y fue retenido hasta que prometió lealtad a la Unión.

Tras su liberación se sintió apremiado para ministrar en Franklin devastada por la guerra y ayudó a reconstruírla espiritualmente. Bounds fue reconocido como líder del avivamiento espiritual de la ciudad. Después de varios años de servicio allí fue a pastorear otras iglesias de Tennessee y algunas en Alabama y en San Luís, Missouri. Durante esos años prestó sus servicios como editor asociado de *Christian Advocate* (El Abogado Cristiano), la publicación de la Iglesia Metodista Episcopal del Sur.

A la edad de cuarenta y un años se casó con Emma Barnett con quien tuvo tres hijos. Nueve años después, a la edad de 30 años falleció Emma de manera inesperada dejando a Bounds sumido en un profundo duelo. Casi dos años después se volvió a casar esta vez con una prima de su primera esposa, de nombre Harriet

Barnett. Con cincuenta y dos años de edad en el momento de su segundo matrimonio, E. M. tuvo cuatro hijos con Harriet. En los años siguientes Bounds volvería a soportar más aflicciones al perder, por causa de enfermedad, a dos de sus hijos: Edward junior y Charles.

La oración fue su fundamento a través de todos los acontecimientos de su vida, tanto de los tranquilos como de los trágicos. En sus sermones y en sus escritos Bounds se refería con frecuencia a la «obra de la oración» y enfocaba su propia vida de oración con la mayor disciplina. Se levantaba cada día a las 4:00 de la mañana y pasaba un mínimo de tres a cuatro horas en ferviente oración. Los amigos y colegas de ministerio recordaban con asombro su capacidad de permanecer sobre las rodillas en oración —mezclada a veces con llanto— durante horas seguidas. Para Bounds la oración no era preparación para las labores del ministerio sino la forma más elevada de ministerio. La oración para él no era un preámbulo de las actividades del día, sino la principal actividad del día.

Con el paso de los años Bounds habló más fuerte contra el descuido de las normas morales en los cristianos, especialmente en la vida de los líderes. Su llamado a una vida de santidad sin concesiones hizo sentir incómodos a muchos y le causó desacuerdos con otros líderes de su denominación. Cierta vez escribió: «Lo que la iglesia necesita hoy no es mejor maquinaria y operaciones, ni nuevos planes y programas, ni métodos y organizaciones más eficientes. Lo que la iglesia necesita son hombres y mujeres que el Espíritu Santo pueda utilizar, personas entregadas a Dios totalmente, dedicadas a la santidad y dispuestas al sacrificio por la causa de Cristo. El Espíritu Santo no fluye a través de los métodos sino a través de los hijos e hijas de Dios. Él no vive en la maquinaria sino en las personas, no unge los planes sino a los creyentes.

Sus últimos días los dedicó a escribir básicamente sobre el tema de la oración. Sus obras incluyen *Power Through Prayer* (Poder Mediante la Oración), y *The Weapon of Prayer* (El Arma de la Oración), las cuales son consideradas hoy como clásicos. Debido a que practicó diligentemente lo que predicó, su discernimiento y su pasión resuenan en nuestros días inspirando a los creyentes a alcanzar niveles más altos de discipulado y una vida de oración más poderosa.

«Recomiendo ante todo que se hagan plegarias, oraciones, súplicas y acciones de gracias por todos, por los reyes y por todas las autoridades, para que tengamos paz y tranquilidad, y llevemos una vida piadosa y digna». 1 Timoteo 2:1–2

La oración alcanza los cielos y los baja a la tierra. Ella tiene en sus manos una doble bendición: Recompensa al que ora y bendice a la persona por quien se ora. Apacigua el fuego de las pasiones y calma la furia de los elementos. La tranquilidad es el fruto feliz de la verdadera oración. Hay una calma interior que llega a la persona que ora, y una calma exterior también. La oración crea vidas tranquilas y apacibles «en toda piedad y reverencia».

Orar de la manera correcta no solamente hace la vida hermosa y apacible sino que la impregna de un aroma de justicia y le da un peso de influencia. La honestidad, la seriedad, la integridad y la firmeza de carácter son los frutos naturales y esenciales de la oración.

Reflexión: *¿Le ha traído calma la oración en los momentos de angustia? ¿Qué bendiciones le ha dado Dios como resultado de sus oraciones?*

«Por la mañana, SEÑOR, escuchas mi clamor; por la mañana te presento mis ruegos y quedo a la espera de tu respuesta».
Salmo 5:3

La persona que desperdicia las horas tempranas de la mañana, su oportunidad y su frescura, en otras cosas que no sea la búsqueda de Dios, hará poco progreso buscándolo el resto del día. Si Dios no es primero en nuestros pensamientos y esfuerzos de la mañana, estará en el último lugar en el resto del día.

Tras esta acción de levantarse y orar temprano está un ardiente deseo que nos impulsa a buscar a Dios. Este descuido matinal es el signo de un corazón descuidado. El corazón que es perezoso para buscar a Dios en la mañana ha perdido su deseo de él.

Nuestra pereza para buscar a Dios es un pecado que clama. Los hijos de este mundo son mucho más sabios que nosotros. Ellos están en el mundo tarde y temprano, mientras que nosotros no buscamos a Dios con fervor y diligencia. Ningún ser humano alcanza a Dios si no lo busca con empeño, y ninguna persona sigue a Dios realmente si no lo busca durante los primeros momentos del día.

Reflexión: *¿Por qué es que es tan fácil ser perezosos en nuestra relación con Dios? ¿Qué cosas específicas le impiden buscar a Dios en la mañana?*

«Clama a mí y te responderé; y te daré a conocer cosas grandes e inaccesibles que tú no sabes». Jeremías 33:3

La oración pone la obra de Dios en sus manos y la deja allí. Mira a él constantemente y depende de él implícitamente para que avance su propia causa. La oración no es otra cosa que la fe descansando en Dios, actuando con él y apoyándose en él. Es porque a Dios le encanta tanto la oración y aprecia tanto la oración de sus hijos que pone todo el poder en sus manos.

A través de toda su Palabra las acciones y las actitudes de Dios son moldeadas por la oración. Citar todos los pasajes que prueban la relación inmediata, directa y personal de la oración con Dios, equivaldría a copiar en este estudio páginas completas de las Escrituras. El ser humano tiene relación personal con Dios. La oración es el medio divinamente señalado mediante el cual los seres humanos entran en directa comunicación con Dios. Por su propia ordenanza Dios se obliga a sí mismo a escuchar la oración. Dios concede sus grandes bienes a sus hijos cuando ellos los buscan por la vía de la oración.

Reflexión: *¿En qué formas piensa usted que la oración «influencia» a Dios? ¿Qué cosas de su vida necesita poner en las «manos de Dios» hoy?*

«Si fueran del mundo, el mundo los amaría como a los suyos. Pero ustedes no son del mundo, sino que yo los he escogido de entre el mundo. Por eso el mundo los aborrece». Juan 15:19

El cielo es el lugar de Cristo, donde él está y a donde lleva a los que son suyos. El mundo es el lugar de Satanás; su poder está aquí. Inclinar nuestro corazón al mundo es ser leales a él, en cambio, dirigir su atención los cielos es ser leales a Cristo. Esta es la razón del odio del mundo hacia Jesús y el por qué ha perseguido a sus seguidores con tanta amargura, aún hasta llevarlos a la muerte. El diablo está en la carne y la domina. Cristo está en el Espíritu. Este mundo nos aleja de Cristo. Cristo es su enemigo invencible.

Esta gran verdad se ilustra por el hecho de que la obra de Cristo es tomar posesión del mundo y hacer que su atractivo poder promueva sus propósitos. Pero él establece un reino de los cielos que no es de este mundo. Un nuevo poder ha llegado, se ha establecido un nuevo reino y se ha hecho un nuevo mundo. Se requerirá el fuego del juicio y el nuevo poder creativo para hacer cielos nuevos y tierra nueva antes de que puedan removerse el estigma y las ruinas de la devastación causada por el Diablo y sus manos mortíferas, y que este planeta sea adecuado para los propósitos de Dios.

Dada la fuerte presión para que jure lealtad al mundo, el cristiano, mediante su relación con Jesucristo es arrebatado de los brazos mortales del mundo y liberado de su poder contaminante.

Reflexión: *¿Cómo ha sentido la hostilidad del mundo debido a su lealtad a Cristo? ¿Qué significa «dirigir la atención a los cielos»?*

«Pero el SEÑOR siguió diciendo: Ciertamente he visto la opresión que sufre mi pueblo en Egipto. Los he escuchado quejarse de sus capataces y conozco bien sus penurias. Así que he descendido para librarlos del poder de los egipcios».
Éxodo 3:7–8

En su trato con la humanidad nada es más importante para Dios que la oración. Pero para el ser humano orar es igualmente importante. No orar es fracasar en toda la extensión de la vida. Es fracaso en el deber, en el servicio y en el progreso espiritual. Dios ayuda al hombre o la mujer que ora. Por lo tanto, la persona que no ora se está privando a sí misma de la ayuda de Dios y lo pone en una situación en que no puede ayudarle. El ser humano debe orar si ha de tener amor para Dios. La fe, la esperanza, la paciencia y todas las poderosas fuerzas vitales de la piedad languidecen y mueren en una vida sin oración. Por el contrario, las bendiciones individuales para el creyente germinan, florecen y fructifican en la oración.

Todo esto y mucho más se puede decir en relación con la necesidad de orar en la búsqueda de la piedad en el individuo. Pero la oración tiene una esfera más grande, un deber más forzoso, una inspiración más elevada. La voluntad y la gloria de Dios se funden en una sola en la oración. Los días del renombre y el esplendor de Dios han sido siempre los grandes días de oración. Los grandes movimientos de Dios en este mundo han sido condicionados, continuados y moldeados por la oración. Dios ha intervenido en estos grandes movimientos tan solo cuando los hombres y las mujeres han orado. La oración actual, la oración persistente, la oración que se destaca y prevalece, siempre ha logrado hacer que Dios esté presente. La prueba obvia y real de una genuina obra de Dios es la prevalencia del espíritu de oración. El movimiento de Dios que sacó a Israel de la esclavitud en Egipto tuvo su comienzo en la oración. De ahí que desde los comienzos tanto Dios como la raza humana establecieron el hecho de que la oración es una de las sólidas bases sobre la cual tendrían que apoyarse los movimientos del mundo.

Reflexión: *¿Cree usted realmente que sus oraciones son importantes para Dios? Explique por qué lo son, o por qué no lo son. ¿Qué ocurre en la vida de un creyente que no ora?*

«Y oraron así; Señor, tú que conoces el corazón de todos, muéstranos a cuál de estos dos has elegido para que se haga cargo del servicio apostólico». Hechos 1:24–25

Cuando la iglesia se dedica a la oración, la causa de Dios florece y su reino sobre la tierra siempre triunfa. Cuando la iglesia falla en orar, la causa de Dios decae y la maldad en todas sus formas prevalece. En otras palabras, Dios obra mediante las oraciones de sus hijos y cuando éstos le fallan en ese punto sobrevienen el decaimiento y la muerte.

Está en concordancia con los planes divinos que la prosperidad espiritual viene a través del canal de la oración. Las oraciones de los santos son los agentes que Dios utiliza para ejecutar su obra providencial de salvación sobre la tierra. Si sus agentes le fallan descuidando la oración, su obra fracasa. Los agentes de oración del Altísimo son siempre predecesores de la prosperidad espiritual.

A través de los siglos los cristianos que en nombre de Dios han sostenido la iglesia han ejercitado ministerios de oración ricos y plenos. Los líderes de la iglesia que nos revelan las Escrituras fueron eminentes en la oración. Quizá algunos fueron eminentes intelectual y culturalmente y en las actividades humanas, o tal vez no tenían mucho talento natural ni obtuvieron logros destacados. Pero en cualquier caso la oración ha sido la fuerza poderosa que ha obrado en el liderazgo de la iglesia. Esto fue así porque Dios estaba con ellos y en lo que ellos hicieron, porque la oración siempre nos lleva a Dios. Ella reconoce a Dios y lo trae al mundo para obrar, salvar y bendecir. Los agentes más eficientes en la diseminación del conocimiento de Dios, en ejecutar su obra sobre la tierra y en erigirse como defensas contra las oleadas del mal han sido los líderes de iglesias que oran. Dios depende de ellos, los utiliza y los bendice.

Reflexión: *¿Por qué piensa usted que los agentes de Dios más eficientes sobre la tierra son las personas que oran? ¿Cuáles son algunas de las razones por las cuales los miembros de las iglesias no oran?*

«Que abunden en ustedes la gracia y la paz por medio del conocimiento que tienen de Dios y de Jesús nuestro Señor. Su divino poder, al darnos el conocimiento de aquel que nos llamó por su propia gloria y excelencia, nos ha concedido todas las cosas que necesitamos para vivir con devoción».
2 Pedro 1:2–3

Ninguna cantidad de dinero, ni la genialidad ni la cultura pueden mover las cosas de Dios. La santidad que energiza el alma, el ser integral inflamado por el fuego del amor y con el deseo de más fe, más celo y más consagración es el secreto del poder. Necesitamos y debemos tener estas cosas; si las poseemos seremos la encarnación de la devoción inflamada por Dios.

El avance de Dios se ha detenido, su causa se ha paralizado y su nombre ha sido deshonrado por falta de fervor y devoción entre sus hijos. La capacidad intelectual, la educación, la riqueza, la posición social, la celebridad, el estatus y el renombre no pueden mover el carro de nuestro Dios. La devoción de todo corazón sí puede y en efecto lo hará.

Reflexión: *¿Podemos comparar estos «secretos de poder» con los que nuestra sociedad exhibe? ¿En qué medida está experimentando el poder de Dios en su vida?*

«Oren sin cesar». 1 Tesalonicenses 5:17

No hay cosa que enfaticen más las Escrituras que la oración. Ninguna otra exhortación se reitera con más frecuencia, ni es más solemne y acuciante que la que demanda de la oración. Ningún principio se declara en la Palabra con más fuerza y amplitud que el que nos insta a orar. No existe deber más obligante que el que nos conmina a la oración. No hay otro mandamiento o imperativo más insistente que orar a nuestro Dios y Padre.

¿Está usted orando en todas las cosas sin cesar, en su lugar privado, escondido de los ojos de los hombres, siempre y en todo lugar? Esta es una pregunta personal, pertinente y de la mayor importancia para toda persona.

Reflexión: *¿Cuándo se siente usted más motivado a orar? ¿Por qué? ¿Cuál aspecto del carácter de Dios hace que nuestras oraciones sean tan importantes para él?*

«Después de haber orado, tembló el lugar en que estaban reunidos, y todos fueron llenos del Espíritu Santo».
Hechos 4:31

Las personas que oran son las únicas que tienen influencia ante Dios; el único tipo de personas a quienes Dios se encomienda a sí mismo y encomienda su misión. Las personas que oran son las únicas en las cuales habita el Espíritu Santo, porque el Santo Espíritu y la oración van de la mano. El Espíritu Santo nunca desciende sobre las personas que no oran. Nunca las llena ni les confiere poder. No existe nada en común entre el Espíritu de Dios y la gente que no ora. El Espíritu habita solamente en una atmósfera de oración.

Reflexión: *¿Por qué es esencial la oración para recibir la llenura y el poder del Espíritu Santo? ¿Cómo describiría usted la conexión entre la oración y el Espíritu?*

«Te damos gracias, oh Dios, te damos gracias». Salmo 75:1

La gratitud y la acción de gracias siempre miran atrás, hacia el pasado, aunque incluyen el presente. Pero la oración siempre mira el futuro. La acción de gracias tiene que ver con cosas ya recibidas. La oración se refiere a las cosas que se desean, se piden y se esperan. La oración se torna en gratitud y alabanza cuando Dios ha concedido las cosas que se pidieron.

La gratitud y la acción de gracias se yerguen para siempre en oposición a la murmuración contra Dios en su trato con nosotros, y a las quejas acerca de lo que tenemos. La gratitud y la murmuración nunca habitan al mismo tiempo en el mismo corazón. Un espíritu desagradecido no tiene cabida junto a la gratitud y la alabanza. Y la verdadera oración corrige el hábito de quejarse y estimula la gratitud. La insatisfacción con lo que uno tiene y la disposición a estar descontento con las cosas que en la providencia de Dios llegan a nuestra vida, son enemigos de la gratitud y de la acción de gracias. Los refunfuñadores son personas desagradecidas. Los hombres y mujeres agradecidos no tienen ni el tiempo ni la disposición para detenerse a quejarse. Lo que causó la ruina de los Israelitas en el desierto camino a la tierra de Canaán fue su propensión a quejarse contra Dios y Moisés. Por eso Dios se enojó gravemente varias veces y fue necesaria la fuerte oración intercesora de Moisés para apartar el enojo de Dios por causa de estas murmuraciones. La ausencia de gratitud no deja espacio o disposición para la alabanza y la acción de gracias y así ocurre siempre. Pero cuando estos mismos Israelitas pasaron a través del Mar Rojo con sus pies secos mientras sus enemigos fueron destruídos, María, la hermana de Moisés dirigió un canto de alabanza. La oración y la gratitud interactúan y cuando se practican juntas con regularidad, levantan nuestros ojos a los cielos.

Reflexión: *¿Con cuánta a frecuencia murmura y se queja? ¿Cómo desarrolla una profunda actitud de acción de gracias y cómo la expresa en sus oraciones?*

«Hermanos, oren también por nosotros». 1 Tesalonicenses 5:25

Si Pablo dependía tanto de las oraciones de los santos de Dios para el éxito de su ministerio, ¡de cuánta mayor importancia es que las oraciones de los santos del Señor se centren en el ministerio de nuestros días!

El apóstol no consideró que su súplica urgente de oración rebajara su dignidad, disminuyera su influencia o desvalorizara su piedad. Y si así ocurría, ¿qué importaba? Que se afectara la dignidad, que se perdiera la influencia y que la reputación se manchara, de todos modos él necesitaba de sus oraciones. Llamado, comisionado, cabeza de los apóstoles como lo era Pablo, todo su equipamiento estaba incompleto sin las oraciones de sus hermanos. Regularmente escribía cartas en las cuales los instaba a orar por él.

¿Ora usted por su pastor? ¿Por los líderes en su iglesia y por otros ministerios? ¿Ora por los misioneros y los obreros cristianos en todo el mundo? Si no lo está haciendo empiece a hacerlo hoy. Porque su eficacia en el ministerio se sostendrá con tal apoyo de oración.

Reflexión: *¿Cuál cree que fue la razón por la cual Pablo pidió a tantos cristianos nuevos que oraran por él? ¿Por cuáles líderes oraría usted hoy?*

«Cuando Daniel supo que el edicto había sido firmado, entró en su casa, y abiertas las ventanas de su cámara que daban hacia Jerusalén, se arrodillaba tres veces al día, y oraba y daba gracias delante de su Dios, como lo solía hacer antes».
Daniel 6:10, RVR1960

La oración perseverante siempre gana porque Dios se rinde ante la persistencia y la diligencia cuando ellas se basan en una sincera confianza en él. Daniel se negó a obedecer el decreto del rey de no hacer petición alguna a ningún dios u hombre diferente a él durante treinta días. Daniel cerró sus ojos al decreto que hubiera silenciado su oración privada. Nadie podía impedirle invocar a Dios.

No había nada impersonal en la oración de Daniel. Su oración siempre tenía un objetivo y era una invocación al gran Dios que puede hacer todas las cosas. No había condescendencia con el yo ni consideración a las influencias subjetivas o reflejas. Frente al amenazante decreto que lo precipitaría de una posición de poder a la boca del león, él «se arrodillaba tres veces al día, y oraba y daba gracias a su Dios, como lo solía hacer antes». El benigno resultado fue que la oración movió uno de los brazos del Todopoderoso, el cual se interpuso entre él y los malignos y crueles leones y cerró sus bocas preservando así a su siervo que había sido fiel y había clamado por protección. La oración de Daniel fue un factor esencial en el fracaso del decreto del rey y en avergonzar a los perversos y envidiosos gobernantes que le habían tendido la trampa con el fin de destruirlo y removerlo de la posición de poder que detentaba en el reino.

Reflexión: *¿Qué implica «perseverar en oración»? Piense en su vida de oración y en qué medida persevera en ella, o si no lo hace. ¿Qué papel debe desempeñar la oración perseverante al enfrentar los retos de la vida?*

Espere una intensa lucha espiritual

«Pónganse toda la armadura de Dios para que puedan hacer frente a las artimañas del diablo». Efesios 6:11

No se puede afirmar demasiado que la vida del cristiano involucra una guerra, un intenso conflicto, una competencia que dura toda la vida. Más aún, es una batalla que se libra contra enemigos invisibles que buscan siempre atrapar, engañar y arruinar las almas de los seres humanos. La vida a la cual la Santa Escritura llama a hombres y mujeres no es un día de campo ni un paseo festivo. No es un pasatiempo ni una caminata. Conlleva esfuerzo, lucha y conflicto. Exige emplear en ella la plenitud de la energía del Espíritu a fin de frustrar al enemigo y salir al final más que vencedor. No es senda florida ni agradable retozo. Es guerra de principio a fin. Desde la hora en que saca la espada hasta el momento en que se quita el arnés, el guerrero cristiano es apremiado a «sufrir penalidades como buen soldado de Jesucristo» (2 Timoteo 2:3).

¡Qué idea equivocada la que muchos tienen de la vida cristiana! Qué poco parece comprender el miembro corriente de la iglesia el carácter del conflicto y sus demandas. Cuan ignorante parece estar de los enemigos que debe enfrentar si busca servir a Dios fielmente y por consiguiente llegar al cielo para recibir la corona de vida. Parece darse escasa cuenta de que el mundo, la carne y el Demonio resistirán su marcha y lo derrotarán definitivamente a menos que vigile constantemente en incesante oración.

Reflexión: *¿Por qué tantos cristianos malentienden la guerra espiritual? ¿Cómo hace para permanecer firme contra los enemigos?*

14   ¿Demasiado ocupado para orar?

«Les manda saludos Epafras, que es uno de ustedes. Este siervo de Cristo Jesús está siempre luchando en oración por ustedes». Colosenses 4:12

El trabajo sagrado, las actividades de la iglesia, puede comprometernos y absorbernos de tal forma hasta el punto de impedirnos orar. Cuando esto ocurre vienen los resultados funestos. Es mejor dejar que el trabajo se haga por defecto que permitir que se pierda la oración por negligencia. Cualquier cosa que afecte la intensidad de nuestra oración afecta el valor de nuestro trabajo. Estar «demasiado ocupado para orar» no solo es causa de desvío sino que socava también el trabajo que se hace. Nada se hace bien sin oración por la sencilla razón de que no orar deja a Dios fuera de la escena.

¡Con cuánta facilidad nos dejamos guiar por las argucias insidiosas de Satanás y reducimos la oración en beneficio del trabajo! ¡Cuan fácil es descuidar la oración o abreviarla sencillamente por el argumento de que tenemos trabajo de la iglesia en nuestras manos! Satanás efectivamente nos desarma cuando puede mantenernos demasiado ocupados haciendo cosas, y dejamos de orar.

No solo las cosas pecaminosas son las que causan perjuicio a la oración. Son cosas que estando en su lugar correcto se les permite desviar la oración a menudo con el consolador argumento de que «estamos demasiado ocupados para orar».

Reflexión: *¿Qué actividades tienden a desviarlo de la oración? ¿Se siente a menudo demasiado ocupado para orar? ¿Qué puede hacer para regular su horario y ajustar sus prioridades?*

«Ahora, Padre, glorifícame en tu presencia con la gloria que tuve contigo antes de que el mundo existiera». Juan 17:5

Hagamos un alto y preguntémonos: «¿Conozco a Dios de una forma tentativa y remota, o lo conozco de manera personal y profunda? ¿Conozco a Jesucristo como una persona y como mi Salvador personal? ¿Lo conozco como alguien querido de mi corazón? ¿Lo conozco bien?». Lo que Dios busca en nosotros es una profunda relación viva y amorosa.

Sigamos preguntándonos: «¿Se glorifica Jesús en mí? ¿Prueba mi vida su divinidad? ¿Brilla él más en mí? ¿Soy un cuerpo opaco o transparente, oscurezco o reflejo su luz pura? ¿Busco yo mi gloria donde Cristo busca la suya? ¿Estimo la presencia y posesión de Dios como mi gloria más excelente y mi supremo bien?».

En todo lo que hacemos —ya sea en pensamiento o en obra— procuremos conocer a Dios con más profundidad y glorificarlo más plenamente.

Reflexión: *¿Está su vida glorificando a Dios? Si no es así, ¿cuál es la causa? ¿Específicamente qué es lo que implica «procurar la gloria de Dios?».*

«Busco tu rostro de todo corazón; ten piedad de mí conforme a tu promesa». Salmo 119:58

Así como a la casa de Dios se le llama «casa de oración» porque la oración es el más importante de sus santos oficios, así a la Biblia se le puede llamar el libro de oración. La oración es el gran tema y el contenido de su mensaje a la humanidad.

La Palabra de Dios es el fundamento de la oración de fe. «La palabra de Cristo more en abundancia en vosotros... en toda sabiduría» (Colosenses 3:16, RVR1960). A medida que esta palabra de Cristo mora en abundancia en nosotros y es transmutada y asimilada, se traduce en oración. La Palabra y el Espíritu construyen la fe, y la fe es el cuerpo y la sustancia de la oración.

En muchos de sus aspectos la oración depende de la Palabra de Dios. Jesús dijo: «Si permanecen en mí y mis palabras permanecen en ustedes, pidan lo que quieran, y se les concederá» (Juan 15:7). La Palabra de Dios es el punto de apoyo sobre el cual se ubica la palanca de la oración mediante la cual se mueven las cosas con poder. Dios se ha encomendado a sí mismo y ha encomendado su propósito y su promesa a la oración. Su Palabra se convierte en el fundamento —en la inspiración— de nuestra oración, y hay circunstancias bajo las cuales podemos obtener una ampliación de sus promesas. De los santos de la antigüedad se dice que «por fe... alcanzaron promesas» (Hebreos 11:33, RVR1960).

Reflexión: *¿Cómo es que la oración depende de la Palabra de Dios? ¿Qué promesas bíblicas quiere Dios que haga suyas cuando ora?*

«Y todo lo que pidiereis en oración, creyendo, lo recibiréis».
Mateo 21:22, RVR1960

Esta amplia e incluyente oferta del Señor no solo nos estimula a orar por todas las cosas, tanto grandes como pequeñas, sino que nos lleva más cerca de Dios. Porque, ¿quién sino Dios nos puede dar la seguridad de recibir las cosas que pedimos ya sea que hagan parte de su tesoro terrenal o del celestial?

Jesucristo, el Hijo de Dios, nos demanda que oremos y él se pone a sí mismo y todo lo que tiene a nuestra disposición en la respuesta. Él mismo se pone a nuestro servicio y responde nuestras peticiones cuando oramos.

Y así como se pone a nuestra disposición él mismo y al Padre en la oración para venir directamente a nuestra vida y obrar para nuestro bien, de igual manera se compromete a responder las peticiones de dos o más creyentes que se ponen de acuerdo para pedir una cosa. «Además les digo que si dos de ustedes en la tierra se ponen de acuerdo sobre cualquier cosa que pidan, les será concedida por mi Padre que está en el cielo» (Mateo 18:19). Solo Dios podía obligarse a sí mismo en un pacto de tal naturaleza porque solo él puede cumplir con tal promesa y con tan amplias y exigentes demandas. Solamente Dios puede garantizar esas promesas.

Reflexión: *¿Cuál de las promesas de Dios significa más para usted? ¿De qué maneras ha cumplido Dios sus promesas en la vida suya recientemente?*

«Estos confían en sus carros de guerra, aquellos confían en sus corceles, pero nosotros confiamos en el nombre del Señor nuestro Dios». Salmo 20:7

Estamos en el tiempo en que la iglesia tiene grandes riquezas y maravillosos recursos materiales. Pero infortunadamente la abundancia y la prosperidad son enemigos y un severo estorbo para las fuerzas espirituales. Es una ley invariable que la presencia de fuerzas materiales potentes y atractivas crean confianza en ellas, y por la misma inevitable ley crean desconfianza en las fuerzas espirituales del evangelio.

Las fuerzas espirituales y las materiales son dos amos que no admiten que se les sirva a los dos al mismo tiempo. Porque justamente en la medida que fijamos la mente en el uno nos alejamos del otro. Los días de gran prosperidad financiera en la iglesia no han sido los días de gran prosperidad espiritual.

Reflexión: *¿Cómo lo han influenciado a usted los recursos materiales, incluyendo el dinero? ¿Qué puede hacer para asegurarse de que pone la confianza en Dios y no en las cosas materiales?*

«Sufre penalidades como buen soldado de Jesucristo».
2 Timoteo 2:3, RVR1960

Personas valientes y auténticas, personas que oren, personas que no le teman a nada sino solamente a Dios, son las que se necesitan en nuestros días. No habrá liberación de las fuerzas del mal que ahora mantienen al mundo en esclavitud ni rescate de las degradadas hordas del paganismo a la luz y la vida eterna por otros que no sean los creyentes que oran. Todos los demás están solamente jugando a la religión, son fingidos soldados sin armas ni munición. Solamente los soldados y los siervos de Jesucristo pueden hacer este tremendo trabajo. «Sufre penalidades como buen soldado de Jesucristo» clama el gran apóstol.

Este no es tiempo de pensar en sí mismos, en la promoción personal, de buscar comodidad y confort ni es el tiempo de retroceder ante las penalidades, la aflicción y la pérdida. Es tiempo de trabajar arduamente, tiempo de sufrimiento y sacrificio personal. Debemos perderlo todo por Cristo a fin de ganarlo todo para Cristo.

Reflexión: *¿Es usted un guerrero valeroso que participa en la batalla espiritual o un soldado fingido? ¿Por qué cree que el sufrimiento y las penalidades a menudo acompañan a los soldados más poderosos de Dios?*

«La suma de tus palabras es la verdad; tus justas leyes permanecen para siempre. Gobernantes me persiguen sin motivo, pero mi corazón se estremece ante tu palabra».
Salmo 119:160–161

Una urgente necesidad en nuestros días es la de personas cuya fe y cuyas oraciones y estudio de la Palabra de Dios hayan sido vitalizados y den fruto como la incorruptible semilla que vive y permanece para siempre. No se necesita otra cosa para disipar la bruma de la falta de fe que ha eclipsado la Palabra de Dios, que la fidelidad del púlpito y su firme lealtad a la Biblia y una osada proclamación de sus verdades. Sin esto el abanderado fracasa y la incertidumbre y la confusión cunden en las filas. El púlpito ha realizado su obra más poderosa durante los días de su fidelidad más recta y firme a la Palabra de Dios.

Reflexión: *¿Por qué es tan importante que cada creyente proclame la verdad bíblica con amor y sinceridad a las personas que todavía no conocen a Dios? ¿Qué consecuencias siguen cuando la gente deja de considerar a la Biblia como el fundamento absoluto de la verdad?*

«Danos hoy nuestro pan cotidiano».
Mateo 6:11

Cuando oramos: «Danos hoy nuestro pan cotidiano» en cierto sentido estamos omitiendo de nuestra oración el mañana. Es que no vivimos en el futuro sino en el presente. No buscamos ni el pan ni la gracia de mañana. La gente que hace su mejor esfuerzo y obtiene lo mejor de la vida, vive a plenitud el presente, el día de hoy. Oran mejor cuando oran por las necesidades de hoy no por las de los días venideros.

Las oraciones auténticas nacen de las necesidades y las pruebas presentes. El pan para hoy es pan suficiente. El pan que se nos da hoy es la promesa más fuerte de que habrá pan para mañana. Nuestra victoria de hoy nos asegura la victoria de mañana. Necesitamos enfocar nuestras oraciones en el presente. Debemos confiar en Dios hoy y dejar el mañana enteramente en sus manos. El presente es nuestro; el futuro pertenece al Señor. La oración es la tarea y el deber de cada recurrente día: oremos diariamente por las necesidades del día.

Así como cada día demanda que haya pan, de igual modo cada día requiere que haya oración. Ninguna cantidad de oración hecha hoy será suficiente para reemplazar la oración de mañana. El maná de hoy es lo que necesitamos hoy; mañana Dios se encargará de que nuestras necesidades sean satisfechas. Esta es la fe que Dios quiere inspirar en nosotros. De modo pues que dejemos el mañana con sus necesidades, sus problemas y sus preocupaciones en manos de Dios.

Reflexión: *¿Qué tan bien lo está haciendo usted en orar hoy por las necesidades de hoy? ¿Cuál es el balance o equilibrio entre fijar la atención en las necesidades de hoy y planear prudentemente para las necesidades del mañana?*

«Quiero, pues, que en todas partes los hombres oren, levantando las manos al cielo con santidad, sin enojos ni contiendas».
1 Timoteo 2:8

Hay ciertas condiciones establecidas para la oración auténtica. Los hombres deben orar «levantando las manos al cielo con santidad», manos que simbolizan o representan la totalidad de la vida de uno. Las manos no ensuciadas ni manchadas por la perversidad son emblemáticas de una vida limpia y sin pecado. Así deben los hombres y las mujeres entrar a la presencia de Dios, en donde pueden «alcanzar misericordia y hallar gracia para el oportuno socorro» (Hebreos 4:16, RVR1960). Y aquí encontramos también otra razón por la cual los seres humanos no oran. Tienen un corazón demasiado mundano y su vida es demasiado secular para entrar en la recámara de la oración. Y aún si entraren no pueden elevar la «oración poderosa y eficaz del justo» (Santiago 5:16).

Las manos también son símbolos de actividad, utilidad y conducta. Las manos que se extienden hacia Dios en oración deben ser «manos santas» y sin mancha. La palabra santo significa no contaminado, sin mancha, que en lo religioso cumple con toda obligación. La oración es sensible y siempre es afectada por el carácter y la conducta de la persona que ora. El agua no se puede elevar por encima de su propio nivel y una oración sin mancha no puede fluir de un corazón manchado.

Reflexión: *¿Algunas áreas pecaminosas estorban la oración en su vida? ¿Qué es la santidad y cómo se evidencia en la vida diaria?*

Sea un representante de Dios en el lugar de trabajo

«¡Busquen al Señor y su fuerza; anhelen siempre su rostro!».
Salmo 105:4

Existe una gran necesidad en nuestros días de hombres de negocios que moldeen sus asuntos seculares con el espíritu de oración y consagración a Dios. Hay un gran ejército de negociantes y administradores de casi todo tipo que son miembros de la iglesia de Cristo y es crucial que estos hombres y mujeres presten atención a este asunto. Estos hijos e hijas de Dios deben procurar la consciencia y la restricción de la presencia y la guía divinas en el lugar de trabajo

Necesitamos que la atmósfera de la devoción piadosa sature nuestras fábricas, nuestros bancos y nuestras tiendas. Que el espíritu del domingo se traslade al lunes y así continúe presente durante toda la semana. Necesitamos hombres y mujeres de negocios que encaren sus asuntos con la misma reverencia y responsabilidad con la cual se comprometen en las actividades más sagradas.

Reflexión: *¿Qué ocurre cuando los cristianos establecen una distinción entre lo «religioso» y lo «secular» y básicamente procuran mantener a Dios fuera de su día típico de trabajo? ¿De qué maneras puede ser usted un representante de Dios en su lugar de trabajo?*

«Hermanos, el deseo de mi corazón, y mi oración a Dios por los israelitas es que lleguen a ser salvos». Romanos 10:1

La intercesión por otros es el distintivo de toda verdadera oración. Cuando la oración está confinada al yo y a las necesidades personales de uno mismo, muere por razón de su pequeñez, su estrechez y su egoísmo. La oración debe ser amplia y carente de egoísmo, o fenece. La oración llega a ser el alma de un hombre o una mujer que suplica a Dios por su prójimo. Además de interesarme por los intereses eternos de mí mismo, debo preocuparme por el bienestar espiritual y eterno de los demás. La capacidad de uno de orar por sí mismo encuentra su clímax en la compasión que nuestro interés expresa por otras personas.

La manera real de aumentar la gracia personal es orar por otros. La oración intercesora es un medio por el cual reciben gracia todos los que la ejercitan. Entramos en los ricos campos del crecimiento espiritual y recogemos sus invaluables riquezas a través de los canales de la oración intercesora. Orar por las demás personas es de importancia divina y representa la forma más alta de servicio cristiano.

Reflexión: *¿Por cuáles personas en su lugar de trabajo, en su vecindario y en su familia comenzará a orar regularmente? Pídale a Dios que le traiga a la mente los nombres de personas por las cuales pueda interceder en oración.*

«Así que mi Dios les proveerá de todo lo que necesiten,
conforme a las gloriosas riquezas que tiene en Cristo Jesús».
Filipenses 4:19

Dios tiene mucho que ver con las personas que creen y que
tienen una fe viva y transformadora en Cristo Jesús. Ellos
son sus hijos. Y un padre ama a sus hijos, suple sus necesidades,
oye su clamor y responde sus peticiones. A su vez un hijo cree en
su padre, lo ama, confía en él y le pide lo que necesita sin dudar de
que escucha sus peticiones. Dios en efecto tiene toda la responsabilidad de responder las oraciones de sus hijos y nunca es más feliz
que cuando lo hace.

La oración cubre toda la gama de las necesidades del ser humano. Por lo tanto, «en toda ocasión, con oración y ruego, presenten sus peticiones a Dios y denle gracias» (Filipenses 4:6). La
oración incluye toda la capacidad de Dios. «¿Acaso hay algo imposible para el Señor?» (Génesis 18:14). La oración cubre no solo
un segmento de la necesidad humana sino que alcanza y acoge
la totalidad del círculo de sus necesidades sencillamente porque
Dios es el Dios del hombre integral. Dios se ha comprometido a
sí mismo a suplir las necesidades integrales del ser humano: físicas,
intelectuales y espirituales.

Reflexión: *¿Qué tan a menudo lleva usted a Dios sus necesidades
obvias y secretas? ¿Qué creencias relacionadas con Dios podrían estar limitando su disposición a acercarse a él con sus necesidades?*

«Entonces clamaron al SEÑOR: Oh SEÑOR, tú haces lo que
quieres. No nos hagas perecer por quitarle la vida a este hombre
ni nos hagas responsables de la muerte de un inocente».
Jonás 1:14

La oración lánguida, sin corazón ni fuerza, sin fuego ni tenaci-
dad, derrota su propio propósito. El profeta de tiempos antiguos se lamentaba de que en un día en que se necesitaba oración
tenaz no hubiera «nadie que invocara el nombre del Señor y se
despertara para apoyarse en él» (Isaías 64:7). Cristo nos encargó
«no desmayar» en nuestra oración (Lucas 18:1). La laxitud y la
indiferencia son grandes obstáculos para la oración tanto en la
práctica de orar como en el proceso de recibir. Se requiere un espíritu fuerte, valiente, sin temor y persistente para comprometerse
en la oración exitosa.

La oración difusa en sus objetivos tampoco es eficaz. Muchas
peticiones afectan la fuerza y la unidad y generan descuido. Las
oraciones deben ser específicas y urgentes. Las muchas palabras y
abarcar mucho producen superficialidad. Un objetivo único que
absorbe todo el ser y anima integralmente a la persona, es la fuerza apropiada que impulsa la oración.

Se requiere con urgencia casta de cristianos que busquen a
Dios incansablemente, que no descansen noche y día hasta que
Dios escuche y atienda su clamor. Los tiempos exigen personas
sedientas de la gloria de Dios, con deseos amplios y carentes de
egoísmo, sedientos de Dios, que lo busquen tarde y mañana, que
no descansen hasta que toda la tierra esté llena de su gloria.

Se necesita hombres y mujeres cuyas oraciones le traigan al mundo lo máximo del poder de Dios, que hagan que las promesas divinas florezcan y produzcan resultados ricos y abundantes. Dios espera nuestras oraciones.

Reflexión: *¿Qué hace que una oración sea fervorosa y apasionada en vez de lánguida y letárgica? ¿Se dio usted por vencido en alguna área de su vida y dejó de orar por ella?*

«Porque por gracia ustedes han sido salvados mediante la fe. Esto no procede de ustedes, sino que es el regalo de Dios y no por obras, para que nadie se jacte». Efesios 2:8–9

Felices quienes no tienen justicia propia para alegar en su favor, ni tienen algo bueno en sí mismos de lo cual jactarse. La humildad florece en el terreno de un verdadero y profundo sentido de nuestra pecaminosidad y de nuestra dependencia de Dios. En ninguna parte ni en ningún momento florece la humildad tan rápidamente ni con tanto brillo como cuando reconocemos todas nuestras debilidades, confesamos todos nuestros pecados y confiamos totalmente en la gracia de Dios.

Dios habita en los corazones humildes. Dios convierte tales corazones humillados en los lugares exaltados del alma humana. El orgullo de las obras propias envenena toda nuestra oración. El mismo orgullo del ser infecta todas nuestras oraciones no importa lo bien expresadas que estén. Esta falta de humildad, esta auto aprobación y auto exaltación impidieron que los hombres más religiosos del tiempo de Cristo fueran aceptados por Dios (vea Lucas 18:10–14). Y esta misma actitud impedirá que nosotros, el día de hoy, seamos aceptados por él.

Reflexión: *¿Por qué el orgullo se desarrolla tan fácilmente y por qué es tan difícil de desechar? ¿Cómo se demuestra la humildad en la vida diaria?*

«A Dios increpan: "¡Déjanos tranquilos! ¡No nos interesa para nada conocer tus caminos! ¿Quién es el Todopoderoso para que le sirvamos? ¿Qué ganamos con dirigirle nuestras oraciones?"».
Job 21:14–15

La oración es el lenguaje de una persona cargada con un sentido de necesidad. Es la voz del mendigo que está consciente de su pobreza y le pide a otra persona las cosas que necesita. No es solo el lenguaje de la carencia, también es sentirla, tener consciencia de lo que no se tiene. «Dichosos los pobres en espíritu» significa no solo que la pobreza de espíritu trae la bendición, sino también que esa pobreza se nota, se conoce y se reconoce (Mateo 5:3).

La oración es el lenguaje de quienes necesitan y que ellos mismos no pueden proveer o suplir, cosas que Dios les ha prometido y pueden pedirle. Al fin de cuentas, la oración pobre y la falta de oración terminan siendo la misma cosa. La oración pobre procede de una ausencia de sentido de necesidad; la falta de oración se origina en el mismo terreno. No orar es declarar que no se necesita nada, es evidenciar la ignorancia de esa necesidad. Eso es lo que agrava el pecado de la falta de oración, que tal actitud representa un intento de establecer la independencia de Dios, el yo auto suficiente sacando a Dios de su vida. Es hacerle a Dios una declaración de que no lo necesitamos y por lo tanto no oramos a él.

Reflexión: *¿Qué revela su vida de oración sobre su necesidad de Dios y de su providencia? ¿De qué maneras ha promovido la iglesia de hoy aspectos de independencia personal que no son bíblicos?*

«No me escogieron ustedes a mí, sino que yo los escogí a ustedes y los comisioné para que vayan y den fruto, un fruto que perdure». Juan 15:16

La oración se basa no sencillamente en una promesa, sino en una relación. El pecador penitente que regresa, ora sobre la base de una promesa. El hijo de Dios ora sobre la base de una relación de Padre e hijo. Lo que tiene el Padre le pertenece al hijo para su uso presente y el uso potencial y futuro. El hijo pide, el Padre le da. Es una relación en la cual se pide y se obtiene respuesta, una relación en la que se da y se recibe. El hijo depende del Padre, debe mirar al Padre, tiene que pedir al Padre para recibir de él.

Sabemos que en el caso de los padres humanos pedir y recibir hace parte de esta relación y que mediante este acto de pedir y recibir la relación entre el padre y el hijo se estrecha, se hace más dulce y se enriquece. El padre disfruta inmenso placer y satisfacción dando al hijo obediente, y el hijo disfruta del dar continuo y amoroso del padre. Y así ocurre también en el ámbito espiritual, en donde la relación entre el hijo y el Padre eterno se desarrolla y profundiza mediante la continua acción de dar y recibir.

Reflexión: *¿Cómo cree usted que se siente Dios cuando sus hijos se acercan a él expresándole sus sinceros deseos? ¿Por qué? Además de la oración, ¿de qué maneras puede profundizar su relación con el Padre?*

«Por eso les dijo claramente: Lázaro ha muerto, y por causa de ustedes me alegro de no haber estado allí, para que crean. Pero vamos a verlo [...] El muerto salió». Juan 11:14–15, 44

La fe no se desanima si la oración no es contestada de manera inmediata. Le cree a Dios, acepta su Palabra. Puede haber muchas demoras y largos días de espera, pero la fe verdadera acepta las condiciones, sabe que las respuestas tardarán y considera tales demoras como tiempos de prueba para fortalecerse.

Lázaro estaba gravemente enfermo y sus hermanas mandaron llamar a Jesús. Pero por alguna razón desconocida nuestro Señor demoró en socorrer a su amigo enfermo. Mientras Jesús se tardaba, Lázaro murió. Pero la tardanza de Jesús fue motivada por el interés de un bien mayor.

Si eres tentado y probado: no temas que Jesús llegará si ejercitas tu paciencia y conservas tu fe. Su demora hará de su llegada la más rica bendición. Ora y espera. Si Cristo tarda, ¡espéralo! Él vendrá en su propio tiempo, en el momento apropiado. La fe reúne fuerzas esperando y orando. La paciencia hace su obra perfecta en la escuela de la tardanza. En algunos casos la demora es parte de la esencia misma de la oración. Dios tiene que hacer muchas cosas antes de dar la respuesta final, cosas que son esenciales para el bien eterno de la persona que solicita el favor de sus manos.

Reflexión: *¿Qué opciones tenemos cuando la respuesta a nuestras oraciones parece demorar? ¿En qué forma nuestra creencia en el carácter de Dios influencia nuestras elecciones de cada día?*

«El obispo debe ser intachable». 1 Timoteo 3:2

La iglesia de nuestros días tiene una vasta maquinaria. Sus actividades son grandiosas y su prosperidad material no tiene paralelo. El nombre de la religión es ampliamente difundido y bien conocido. Mucho dinero llega a la tesorería del Señor. Pero surge la pregunta: ¿la santidad sigue el mismo ritmo? ¿Ora intensamente la iglesia procurando la santidad? ¿Son realmente santos nuestros pastores y líderes? O, yendo un poco más atrás, ¿están hambrientos y sedientos de justicia y desean la leche de la Palabra mediante la cual crecerán en santidad? (ver 1 Pedro 2:2). ¿Procuran realmente ser consagrados y devotos?

Por supuesto hay una gran necesidad de hombres inteligentes en los púlpitos, pero antes que cualquier otra cosa lo que necesitamos es hombres santos que a los hombres y mujeres que mueren les proclamen la salvación de Dios.

Reflexión: *¿Por qué son estas verdades tan importantes hoy como lo fueron hace años? ¿Le ha pedido usted a Dios que lo haga santo? ¿Que aumente la santidad de los líderes de la iglesia local? ¿Lo ha hecho, o no lo ha hecho y por qué?*

«Los ojos del Señor están sobre los justos, y sus oídos, atentos a sus clamores». Salmo 34:15

La oración es algo sagrado, es un regio privilegio. La oración es deber, es obligación acuciante que debe absorbernos. Pero la oración es más que un privilegio y un deber. Ella es un medio, un instrumento, una condición. No orar implica una pérdida mucho mayor que la simple falla en ejercer y disfrutar un elevado y dulce privilegio. No orar es en todo sentido mucho más grave que la violación de una obligación.

Orar es la acción señalada para tener la ayuda de Dios. Esta ayuda es tan múltiple e ilimitada como la capacidad de Dios, y tan variada e inagotable como las necesidades del ser humano. La oración es la vía a través de la cual Dios suple las necesidades de los hombres y las mujeres. Ella es el canal por el cual fluyen todos los bienes de Dios para el hombre.

Reflexión: *¿Tiene usted la tendencia a considerar la oración como un deber y una obligación? ¿Por qué? ¿Qué quiere decir el autor cuando dice que «la oración es más que un privilegio»?*

«Por último, se apareció Jesús a los once mientras comían; los reprendió por su falta de fe y por su obstinación en no creerles a los que lo habían visto resucitado». Marcos 16:14

Una fe sencilla, una fe que entrega cada día sus problemas y preocupaciones al Señor, disipa el temor, ahuyenta la desconfianza y libera de las dudas. «No se inquieten por nada; más bien, en toda ocasión, con oración y ruego, presenten sus peticiones a Dios y denle gracias» (Filipenses 4:6). Este es el remedio divino para todo temor, ansiedad o preocupaciones, todo lo cual está estrechamente relacionado con la duda y la incredulidad. Esta es la prescripción divina para asegurar la paz que sobrepasa todo entendimiento y guarda el corazón y la mente en paz y quietud.

Todos nosotros debemos prestar atención a la advertencia que se nos hace en Hebreos: «Cuídense, hermanos, de que ninguno de ustedes tenga un corazón pecaminoso e incrédulo que los haga apartarse del Dios vivo» (Hebreos 3:12). Es necesario que nos cuidemos de la incredulidad como si fuera un enemigo. La fe necesita que se le cultive. La fe crece y aumenta usándola y ejercitándola. Se nutre en las grandes pruebas, pues «la fe de ustedes que vale mucho más que el oro, al ser acrisolada por las pruebas demostrará que es digna de aprobación, gloria y honor cuando Jesucristo se revele» (1 Pedro 1:7). Llévele sus cargas al Señor y, por la fe, sepa que él interviene.

Reflexión: *¿Es fuerte su fe en que Dios lo acompañará en las dificultades? ¿De qué maneras las dudas estarían impactando su vida?*

«¡Te daré gracias porque me respondiste, porque eres mi salvación!». Salmo 118:21

Dios no se ha confinado a sí mismo a los tiempos bíblicos pasados para demostrar lo que puede hacer a través de la oración. En los tiempos modernos también lo vemos como el Dios que oye la oración igual que lo hizo en el pasado. Las biografías religiosas y la historia de la iglesia nos proporcionan muchos nobles ejemplos e impactantes ilustraciones sobre la oración —la necesidad de ella, su valor y sus frutos— todos con el propósito de estimular la fe de los santos de Dios y de animarlos a orar más y mejor.

Y Dios va más allá de los tiempos del Antiguo y el Nuevo Testamento al emplear a las personas que oran como sus agentes para promover su causa en la tierra, y se ha comprometido a sí mismo a responder sus oraciones tal como lo hizo con los santos del pasado. Tenga la absoluta seguridad de que es así; Dios responde la oración ahora tal como ha venido haciéndolo a través de toda la historia.

Reflexión: *¿Qué ocurre si dejamos de esperar que Dios conteste nuestras oraciones? ¿Cree realmente que Dios desea responder sus oraciones como respondió las del Rey David? ¿Sí, o no, y por qué?*

«Decía: "*Abba*, Padre, todo es posible para ti. No me hagas beber este trago amargo, pero no sea lo que yo quiero, sino lo que quieres tú"». Marcos 14:36

Cuando la desolación y la tristeza del Getsemaní se ciernen como pesada nube sobre nosotros, debemos someternos pacientemente aunque con lágrimas pero sin temor ni duda y beber la copa que el Padre acerca a nuestros labios. «No se haga mi voluntad sino la tuya» debe decir nuestro quebrantado corazón.

A la manera de Dios, misteriosamente para nosotros y tal como ocurrió con el Señor Jesús, esa copa contiene en su amargo sedimento la piedra preciosa y el oro de la perfección. Debemos ser puestos en el crisol para ser refinados. Cristo fue perfeccionado en el Getsemaní no por la oración sino por el sufrimiento. «En efecto... convenía que el sufrimiento perfeccionara al autor de la salvación..». (Hebreos 2:10). La copa tenía que ser bebida porque el sufrimiento tenía que continuar y producir su fruto de perfección.

Hemos de ser perfeccionados mediante muchas horas de tinieblas y de opresión del poder del infierno, a través de muchos conflictos intensos con el príncipe de este mundo y bebiendo muchas copas amargas. Clamar contra el doloroso proceso y la llama purificadora del crisol del Padre es natural y no es pecado en la medida en que haya sometimiento y sumisión a la voluntad de Dios y devoción a su gloria.

Si nuestros corazones son sinceros con Dios, podemos clamar a él en cuanto a su manera de obrar y logar alivio de su proceso doloroso. Podemos clamar contra el crisol y la llama que nos purifica y perfecciona. Dios permite este clamor, lo escucha y lo responde, no sacándonos del crisol sino enviándonos más de un ángel para fortalecernos.

Reflexión: *¿Cómo tiende usted a responder cuando Dios permite que sufra? Mirando retrospectivamente en su vida, ¿qué le ha enseñado el sufrimiento acerca de usted mismo y de Dios?*

«En conclusión, ya sea que coman o beban o hagan cualquier otra cosa, háganlo todo para la gloria de Dios». 1 Corintios 10:31

La devoción es el espíritu de la reverencia, del asombro, del temor piadoso. Es un estado del corazón que se presenta delante de Dios en oración y adoración. La devoción habita en el reino de la quietud y guarda silencio ante Dios. Es seria, reflexiva y meditativa.

Los nuestros son tiempos ocupados, de mucha actividad y bullicio, y este espíritu bullicioso ha invadido la iglesia de Dios. Hay variedad de espectáculos religiosos. La iglesia trabaja la religión con el orden, la precisión y la fuerza de la verdadera maquinaria. Pero con demasiada frecuencia trabaja también con la falta de corazón de las máquinas. Hay mucha semejanza con la banda transportadora en su incesante rutina de actividad religiosa. Oramos sin orar en realidad. Cantamos pero sin el Espíritu y entendimiento. Interpretamos música pero sin que ella vaya impregnada de adoración a Dios. Vamos a la iglesia por hábito y regresamos felices a casa cuando se pronuncia la bendición final.

Necesitamos poner el espíritu de devoción en los negocios del lunes tanto como en la adoración del domingo. El espíritu de devoción pone a Dios en todas las cosas. Lo lleva no solo a la oración y al asistir a la iglesia sino en todos los asuntos de la vida. El espíritu de devoción convierte en sagradas las cosas terrenales y en cosas grandes las cosas pequeñas. Con este espíritu de devoción encaramos los negocios del lunes dirigidos e inspirados por las mismas influencias que nos impulsaron a asistir a la iglesia el domingo. El espíritu de devoción hace del sábado un verdadero Sabath y transforma el taller y la oficina en un templo de Dios.

Reflexión: *¿Qué puede hacer usted para llevar el espíritu de devoción todos los días a su trabajo, a sus relaciones personales y a sus oraciones?*

Instrumentos del poder de Cristo

«La oración del justo es poderosa y eficaz». Santiago 5:16

El éxito del reino de Jesucristo no se debe a la debilidad de sus adversarios. Ellos son fuertes y crueles; así han sido siempre y así seguirán siendo. Pero la oración poderosa de sus seguidores es la gran fuerza espiritual que capacita al Señor Jesucristo para tomar plena posesión de su reino y para hacer suyos, como su herencia, los paganos y los confines de la tierra.

Es la oración la que le permitirá dominar a sus adversarios con vara de hierro que haga temblar su poder y su orgullo. Porque no son más que frágiles vasos de barro que se rompen en pedazos por un golpe de su mano.

Una persona que puede orar es el instrumento más poderoso que Cristo tiene en este mundo. Una iglesia que ora es más fuerte que todas las puertas del infierno.

Reflexión: *Si la oración es un arma poderosa en la batalla espiritual, ¿por qué no hay más cristianos que oren fervientemente? ¿Por qué cree usted que Jesús depende tanto de las oraciones de su iglesia?*

La esperanza se basa en la resurrección

«¡Bendito sea Dios, Padre de nuestro Señor Jesucristo! Por su gran misericordia, nos ha hecho nacer de nuevo mediante la resurrección de Jesucristo de entre los muertos, para que tengamos una esperanza viva y recibamos una herencia que no se puede destruir, contaminar o marchitar. Tal herencia está reservada en el cielo para ustedes». 1 Pedro 1:3–4

La resurrección de Jesucristo es el comienzo de una vida nueva, gloriosa e inmortal en la media noche del reino de la muerte; el resplandor de un nuevo sol sobre el terror de una noche de tinieblas. Es la apertura hacia los cielos de una vía amplia y brillante en donde todo había sido cerrado y sellado y en donde toda esperanza había fenecido.

La resurrección de Cristo no solamente despoja la tumba de las tinieblas y el terror sino que tiende un puente sobre el abismo que nos separa de nuestros seres queridos que han muerto, y nos ofrece la fortaleza y la esperanza de una gloriosa reunión superando así la separación más desastrosa, dolorosa y sin esperanza. La esperanza arroja su rico esplendor sobre las tinieblas de la tumba y estremece con un gozo inmortal el corazón en el que la resurrección de Jesús se ha realizado.

Reflexión: *¿Cuánta esperanza le producen a usted la resurrección de Jesús y la resurrección prometida a todos los creyentes? ¿Cómo nos ayuda la esperanza bíblica de la resurrección a enfrentar la muerte de nuestros seres amados que recibieron a Jesús como su Salvador?*

«Tú guardarás en completa paz a aquel cuyo pensamiento en ti persevera; porque en ti ha confiado». Isaías 26:3, RVR1960

El espíritu de consagración es el espíritu de oración. La ley de la consagración es la ley de la oración. Ambas leyes operan en perfecta armonía sin la menor disonancia o discordia. La consagración es la expresión práctica de la verdadera oración. Las personas consagradas son conocidas por sus hábitos de oración. La consagración, pues, se expresa a sí misma en la oración; la persona que no tiene interés en la oración tampoco lo tiene en la consagración. La oración crea un interés en la consagración, luego la oración lleva al corazón a un estado en el cual la consagración es materia de deleite que trae alegría al corazón, satisfacción al alma y contentamiento al espíritu.

La persona consagrada es la persona más feliz del mundo. Y no hay ninguna fricción entre quien que está plenamente entregado a Dios, y la voluntad de Dios. Hay perfecta armonía entre la voluntad de tal persona y Dios y su voluntad. Y las dos voluntades siendo una sola en perfecto acuerdo traen al alma descanso, ausencia de fricción y la presencia de una paz perfecta.

Reflexión: *¿Cuál es la relación entre la consagración personal y la oración? ¿De qué maneras se complementan la una a la otra?*

«Pero ten cuidado de no olvidar al Señor tu Dios. No dejes
de cumplir sus mandamientos, leyes y estatutos que yo te
encargo hoy. Y cuando hayas comido y te hayas saciado, cuando
hayas edificado casas cómodas y las habites, cuando se hayan
multiplicado tus vacas y tus ovejas, y hayan aumentado tu plata
y tu oro y sean abundantes tus riquezas [...] No se te ocurra
pensar: "Esta riqueza es fruto de mi poder y de la fuerza de mis
manos"». Deuteronomio 8:11–13, 17

La prosperidad material no es la señal infalible de prosperidad
espiritual. La primera puede existir cuando la segunda está
ausente. La acumulación de bienes materiales ciega con facilidad
los ojos de los cristianos en tal grado que se convierte en un sus-
tituto del progreso espiritual. ¡Qué grande es la necesidad de ser
vigilantes en este aspecto!

Los tiempos de prosperidad material raramente son épocas de
avance espiritual, ya sea en el plano individual o de la iglesia. Es
tan fácil perder de vista a Dios cuando los bienes materiales au-
mentan. Es tan fácil apoyarse en los medios humanos y dejar de
orar y de depender de Dios cuando viene la prosperidad material.

Reflexión: *¿Concuerda usted en que los tiempos de prosperidad
material raramente son épocas de avance espiritual? ¿Qué efecto ha
tenido la prosperidad material en usted o en otras personas a su
alrededor?*

«Si dos de ustedes en la tierra se ponen de acuerdo sobre cualquier cosa que pidan, les será concedida por mi Padre que está en el cielo». Mateo 18:19

Muchos cristianos están estancados porque no tienen un modelo ni un plan por el cual modelar su carácter y su conducta. Sencillamente se mueven sin un objetivo, no tienen una dirección clara, ni un punto definido en perspectiva, ni una norma para esforzarse en cumplir. No tienen algo que atraiga su vista, que agilice sus pasos, que los atraiga y los mantenga firmes.

Toda esta idea imprecisa de la religión crece sin nociones de la oración. La oración ayuda a hacer la norma de la religión clara y definida y a elevar su nivel. Las personas que oran son las que tienen a la vista algo definido. La oración apunta hacia algo específico y tiene un objetivo al cual se dirige. La oración apunta a la experiencia religiosa más definida, más alta y más dulce.

Las personas que oran quieren todo lo que Dios tiene para ellas. No se satisfacen con algo así como una vida religiosa inferior, superficial, imprecisa e indefinida. Los creyentes que oran no solo van tras una «profunda obra de gracia», quieren la *más profunda* obra de gracia posible que haya sido prometida. No van tras la salvación de un pecado, quieren ser libres de todos los pecados tanto internos como externos. Van tras la santidad del corazón y de la vida integral.

Reflexión: *¿Hacia qué o quién se dirige usted? ¿De qué maneras afecta la oración la conducta y el carácter?*

Una clave para obtener las bendiciones de Dios

«Al que puede hacer muchísimo más que todo lo que podamos imaginarnos o pedir, por el poder que obra eficazmente en nosotros». Efesios 3:20

¿Por qué se quejan a veces los cristianos de que su vida no es plena, que se sienten incompletos, que les falta algo? ¿Por qué tantos carecen de la riqueza, la plenitud, la profundidad y la anchura de la cual habla la Biblia? La respuesta es simple: no se han entregado a Dios plena y completamente.

Dios se da a sí mismo y da sus riquezas sin reservas a quienes también sin reservas se dedican a él. El hombre o la mujer que da a Dios todo, recibe todo de Dios. Habiéndole dado a Dios todo, puede reclamar todo lo que Dios le tiene reservado.

Reflexión: *¿Por qué Dios demanda de nosotros total dedicación? ¿Qué significa específicamente darnos plena y totalmente a Dios?*

«El hombre nacido de mujer, corto de días, y hastiado de sinsabores». Job 14:1, RVR1960

Los problemas son algo común para el ser humano. No existe excepción en ninguna edad, ni en ningún clima ni época del año. Ricos y pobres por igual, el educado y el ignorante, todos son partícipes de esta triste y dolorosa herencia de la caída del hombre.

Esperar solo el brillo del sol, buscar solamente el placer, lo fácil y lo bello y florido, es tener una visión de la vida completamente falsa. Quienes esperan una vida libre de problemas se frustran y se sorprenden cuando les llegan las dificultades. Tales personas no entienden los caminos del Señor y saben poco de la manera en que él disciplina a sus hijos.

Los problemas están bajo el control del Dios Todopoderoso y son unos de sus agentes más eficientes para cumplir sus propósitos y para perfeccionar a sus santos. La mano de Dios está en cada problema que irrumpe en la vida de sus hijos. No es que él personal y arbitrariamente ordene cada experiencia desagradable. Ni que sea personalmente responsable de cada hecho doloroso y aflictivo que afecta la vida de sus hijos. Pero ningún problema ha sido dejado libre en este mundo para que llegue a la vida de un santo o de un pecador sin el permiso divino. Dios permite que ocurra y que lleve a cabo su obra dolorosa con la mano de Dios en él o sobre él, y que cumpla con sus misericordiosos planes de redención.

Todas las cosas están bajo el control divino. Los problemas no están por encima de Dios ni más allá de su control. No son en la vida algo independiente de Dios. No importa de qué fuente provengan, Dios es suficientemente sabio y capaz de poner su mano en ellos sin asumir la responsabilidad de su origen y hacerlos que obren dentro de sus planes y propósitos relacionados con el más elevado bienestar de sus santos.

Reflexión: *¿Que tan diferente es esta perspectiva de los problemas, de otras que usted haya escuchado? ¿Cómo ha utilizado Dios los problemas para moldear su vida? ¿Puede usted confiar que él está usando sus problemas de una manera divina, o se rebela en contra de esta verdad?*

«Así que por sus frutos los conocerán». Mateo 7:20

Para llevar a cabo su gran misión en el mundo, Dios obra a través de agentes humanos. Él obra colectivamente a través de su iglesia, e individualmente a través de sus hijos. Y para ser agentes eficientes cada uno debe ser «un vaso noble, santificado, útil para el Señor y preparado para toda buena obra» (2 Timoteo 2:21). Dios obra más efectivamente a través de hombres y mujeres santos. Su obra progresa en las manos de cristianos devotos, concienzudos y diligentes.

Pedro nos dice que los esposos que no se pueden alcanzar por la Palabra de Dios, se pueden ganar por la conducta de sus esposas. Son los «hijos de Dios intachables, puros y sin culpa» los que pueden poner en alto la palabra de vida «en medio de una generación torcida y depravada» (Filipenses 2:15). El mundo juzga la religión no por lo que la Biblia dice, sino por la forma de vivir de los cristianos. Los cristianos somos la Biblia que los pecadores leen. Somos cartas para ser leídas por todos los hombres.

Reflexión: *Cuando la gente «lee el libro» de su vida diaria, ¿qué aprenden acerca de Dios? ¿De qué maneras sus maneras y actitudes reflejan con exactitud la verdad de Dios? ¿En cuáles aspectos necesita cambiar y mejorar?*

La oración contestada nos asegura el cuidado de Dios

«Tú, oh Dios y Salvador nuestro, nos respondes con asombrosas obras de justicia». Salmo 65:5

Los hijos de Dios oran. Confían en Dios para todas las cosas. Le piden todas las cosas, enteramente todas. La fe del hijo en el padre se manifiesta pidiéndole. Es la respuesta a la oración la que convence a la gente no solamente de que hay un Dios sino de que se preocupa de los seres humanos y que trata con la gente de este mundo. La oración contestada acerca a Dios a la gente y le da seguridad de su existencia.

Las posibilidades de la oración se encuentran en la ilimitada promesa de Dios, en su disposición y su poder para responderla, para responder todas las oraciones y para satisfacer plenamente las incontables necesidades de la humanidad. Nadie hay más necesitado que nosotros, y nadie hay más ansioso de suplir cada necesidad que Dios.

Reflexión: *¿En qué medida le da usted a Dios la oportunidad de interesarse por su vida y la vida de sus seres queridos? ¿Cómo ha respondido Dios recientemente a sus oraciones?*

«Sean transformados mediante la renovación de su mente. Así podrán comprobar cómo es la voluntad de Dios: buena, agradable y perfecta». Romanos 12:2

Ante la pregunta de cómo conocer cuál es la voluntad de Dios, la respuesta es, estudiando su Palabra, atesorándola en nuestro corazón y permitiéndole morar en él a plenitud. El salmista lo dijo: «La exposición de tus palabras nos da luz» (Salmo 119:130).

Para conocer la voluntad de Dios debemos ser llenos de su Espíritu quien intercede por los santos. Ser llenos del Espíritu de Dios y ser llenos de su Palabra es conocer la voluntad divina. Es desarrollar tal estructura mental y tal estado del corazón que nos capacita para leer e interpretar correctamente los propósitos de Dios. Esa llenura del corazón con la Palabra y con el Santo Espíritu nos da una visión de la voluntad del Padre, nos capacita para discernir correctamente su voluntad y crea en nosotros una disposición mental y del corazón para hacerla guía de nuestra vida.

Epafras oraba para que los Colosenses «se mantuvieran firmes cumpliendo en todo la bendición de Dios» (Colosenses 4:12). Esto es una prueba positiva de que no solamente podemos conocer la voluntad de Dios, sino todo acerca de esa voluntad. Conocerla y cumplirla en todos sus aspectos como un hábito de nuestra conducta y no solo ocasional e impulsivamente. Conocer y hacer la voluntad de Dios puede llegar a ser la regla de nuestra vida.

Reflexión: *¿Cuánto valora el conocimiento de la voluntad de Dios? ¿El tiempo que utiliza estudiando su Biblia refleja esa valoración?*

«Clamo al Dios Altísimo, al Dios que me brinda su apoyo.
Salmo 57:2

La oración no es cosa pequeña ni asunto de poca importancia ni indulgencia egoísta. No tiene que ver con los intereses mezquinos de una persona. La oración más pequeña se amplía por la voluntad de Dios hasta que toca todas las palabras, conserva todos los intereses y acrecienta el mayor bienestar del hombre y el supremo bien de Dios. Dios está tan interesado en que el ser humano ore que ha prometido responder la oración. Y no ha prometido hacer algo general si oramos sino que prometió hacer exactamente lo que le pidamos.

La oración es un clamor a Dios ardiente y confiado pidiendo algo específico. La norma de Dios es responder concediendo la petición específica por la cual se oró. Con ella vienen muchos de los otros dones y de las otras gracias. Fortaleza, serenidad, dulzura, y la fe actúa como portadora de los dones. Pero aún esas gracias se nos dan porque Dios oye y responde la oración.

Dios está interesado sobre todo en los detalles particulares y en los puntos pequeños de nuestra vida. Cuando nos acercamos a él no le hablemos de generalidades sino de cosas específicas para que él nos responda de manera clara, diferente y específica.

Reflexión: *¿Por qué es mejor orar por necesidades específicas y no por generalidades? ¿Por qué es fácil expresar oraciones vagas e imprecisas?*

Él me invocará, y yo le responderé; estaré con él en momentos de angustia; lo libraré y lo llenaré de honores». Salmo 91:15

La oración en los momentos de angustia tiende a llevar al espíritu a un perfecto sometimiento a la voluntad de Dios, hace que la voluntad de la persona se ajuste a la voluntad divina, elimina las quejas y la libera de todo lo que constituya una actitud de rebelión. La oración santifica el problema para nuestro bien supremo. La oración prepara así el corazón y lo ablanda bajo la disciplina de la mano de Dios. La oración nos ubica en donde Dios puede otorgarnos el mayor bien espiritual y eterno.

El resultado de los problemas es siempre bueno en los pensamientos de Dios. Si los problemas fracasan en cumplir su misión, es por causa de falta de oración, o de incredulidad, o por ambas razones. El estar en armonía con Dios en las dispensaciones de su providencia siempre convierte el problema en bendición. El bien o el mal del problema siempre lo determina el espíritu con que se recibe. La adversidad demuestra ser bendición o maldición de acuerdo a como se le recibe y se le trata. Las penalidades o nos ablandan o nos endurecen. O bien nos acercan a la oración y a Dios, o nos alejan de Dios y del hábito de orar. El mismo sol ablanda la cera y endurece el barro. Y es el mismo sol el que derrite el hielo y seca la humedad de la tierra.

Reflexión: *¿Con qué espíritu recibe usted generalmente la adversidad? ¿Qué podría hacer para apropiarse las promesas de Dios en la Biblia durante los tiempos difíciles?*

Procure tener una compasión como la de Cristo

«Al ver las multitudes, tuvo compasión de ellas». Mateo 9:36

La compasión surge a la vista del pecado, la aflicción y el sufrimiento. Se ubica al otro extremo de la indiferencia respecto a las necesidades y lamentos de las demás personas. Se aleja completamente de la insensibilidad y la dureza de corazón en medio de la necesidad, los problemas y la desgracia.

El hombre natural tiene una cierta compasión la cual expresa mediante regalos a quienes están en necesidad para no ser menospreciado. Pero la compasión espiritual —la que nace de un corazón renovado— es más profunda, más amplia y más amorosa. Esta compasión va más allá del mero alivio de las necesidades del cuerpo y dice: «Caliéntate, vístete». De corazón endurecido es quien, con una actitud bien distante de la de Cristo, ve las multitudes y no se conmueve a la vista de su triste estado, de su infelicidad y su peligro.

La compasión quizá no siempre mueve a la gente pero siempre se mueve hacia la gente. No siempre hace volver las personas hacia Dios pero siempre logra que Dios se vuelva hacia ellas. Y donde es más impotente para aliviar las necesidades de los demás, por lo menos puede irrumpir en oración a Dios por ellos.

Reflexión: *¿Qué tan compasivo es usted? ¿De qué maneras podría demostrar la compasión de Cristo a las personas de su comunidad?*

«Yo confío en tu palabra». Salmo 119:42

Las promesas de Dios son todas demasiado grandes como para que las oraciones inconsistentes y casuales las alcancen. Cuando nos examinamos a nosotros mismos, a menudo descubrimos que nuestras oraciones no están a la altura que las situaciones demandan, y son tan limitadas que parecen un oasis en el vasto desierto del pecado del mundo. Recuerde las palabras de nuestro Señor: «Ciertamente les aseguro que el que cree en mí las obras que yo hago también él las hará, y aún las hará mayores, porque yo vuelvo al Padre» (Juan 14:12). ¿Quién de nosotros, al orar, mide la magnitud de esta asombrosa promesa?

¡Cuán amplia es esta promesa, qué inmenso es su alcance y cuánto es lo que abarca! ¡Cuánto hay aquí para la gloria de Dios y para el bien del hombre! ¡Qué capacidad de manifestación del poder del Cristo exaltado! ¡Qué provisión para recompensar la fe abundante! ¡Y cuán grandes y benignos son los resultados que se pueden lograr del ejercicio de una oración que cree y espera!

Reflexión: *¿Qué papel desempeña su fe para recibir bendiciones de Dios mediante la oración? ¿Qué tanto confía usted realmente en Dios y en sus promesas contenidas en la Biblia al enfrentar las diversas situaciones?*

«Los pastores se han vuelto necios, no buscan al Señor; por eso no han prosperado, y su rebaño anda disperso». Jeremías 10:21

Cuando decimos que la oración «pone a Dios a trabajar» lo que estamos diciendo sencillamente es que, mediante la oración, el ser humano tiene el poder de mover a Dios a obrar en su propia manera entre los hombres, cosa que no hará si no oramos. De modo que mientras la oración pone a obrar a Dios, al mismo tiempo Dios pone a obrar la oración. Siendo que Dios ha ordenado la oración y ésta no existe aparte del ser humano, entonces, lógicamente la oración es la fuerza que pone a Dios a obrar en todos los asuntos terrenales.

Siguiendo este mismo orden de ideas la falta de oración pone a Dios fuera de los asuntos del mundo y falla al no activar su obra. La carencia de oración excluye a Dios de todo lo concerniente al ser humano, y deja a hombres y mujeres a merced de las circunstancias, bajo el dominio de un destino ciego sin ningún tipo de ayuda de parte de Dios. Deja a los seres humanos en este mundo —con sus tremendas responsabilidades, sus difíciles problemas, sus aflicciones, sus cargas y sus tristezas— absolutamente sin Dios. En realidad la ausencia de la oración es la ausencia de Dios mismo porque Dios y la oración son tan inseparables que nunca los podemos divorciar.

Reflexión: *¿Qué significa la falta de oración y por qué es un mal que se extiende entre los cristianos en nuestros días? ¿En qué maneras necesita que Dios obre en su vida ahora mismo?*

«Practiquen el dominio propio y manténganse alerta. Su enemigo el diablo ronda como león rugiente, buscando a quién devorar». 1 Pedro 5:8

E s un hecho que el Diablo nunca duerme. Siempre anda rondando «buscando a quién devorar». Así como un pastor jamás puede descuidarse y dejar de vigilar si no quiere que el lobo devore sus ovejas, de igual modo el cristiano debe mantener sus ojos bien abiertos. Los compañeros y guardianes inseparables de la oración son: velar, vigilar y estar en guardia. Pablo agrupa estas inseparables cualidades: «Dedíquense a la oración, perseveren en ella con agradecimiento» (Colosenses 4:2).

La vida entera del soldado cristiano —su existencia, intención, implicación y acción— depende de su vida de oración. Sin oración, aunque tenga todo lo demás, el soldado cristiano será débil, ineficaz y presa fácil de sus enemigos espirituales. ¿Cuándo aprenderán los cristianos de manera cabal la doble lección de que son llamados a una gran guerra y que pueden ganar la victoria solo mediante la oración despierta, vigilante y continua? La iglesia de Dios es una legión militar. Su guerra es contra las fuerzas invisibles del mal. El pueblo de Dios constituye un ejército que lucha por establecer su reino sobre la tierra. Su objetivo es destruir el dominio de Satanás y sobre sus ruinas construir el reino de Dios.

Reflexión: *¿Está usted comprometido en la batalla espiritual? ¿Qué quiere Dios realizar a través de usted en la batalla espiritual que se desarrolla a su alrededor?*

«Deseamos, sin embargo, que cada uno de ustedes siga
mostrando ese mismo empeño hasta la realización final y
completa de su esperanza. No sean apáticos; más bien, imiten
a quienes por su fe y paciencia heredan las promesas».
Hebreos 6:11–12

L a fe crece leyendo y meditando la Palabra de Dios. La fe pros-
pera de preferencia en un ambiente de oración. Sería bueno si
cada uno de nosotros hiciera un alto para preguntarse: *¿Realmente
tengo fe en Dios? ¿Una fe que me mantenga en perfecta paz en relación con las cosas terrenales y celestiales?*

Esta es la pregunta más importante que un cristiano puede
plantear y a la cual debe buscarle respuesta. Y hay otra pregunta
estrechamente relacionada con la anterior en significado e importancia: *¿Oro realmente a Dios de manera que él me escuche y responda mis oraciones? ¿De modo tal que recibo directamente de él
las cosas que le pido?*

El cristiano que desea una relación aún más estrecha con Dios
y tener poder en su servicio debe hacerse regularmente estas dos
preguntas.

Reflexión: *¿Cómo respondería usted estas dos preguntas vitales?
Pídale a Dios que le muestre cómo puede aumentar su fe y enriquecer su vida de oración.*

«Escribo estas instrucciones para que [...] sepas cómo hay que portarse en la casa de Dios, que es la iglesia del Dios viviente, columna y fundamento de la verdad». 1 Timoteo 3:14–15

Así como la oración produce amor por las Escrituras y establece a los cristianos en su lectura, de igual manera la oración hace que los hombres y las mujeres visiten la casa de Dios para escuchar la exposición bíblica. La asistencia a la iglesia está estrechamente relacionada con la Biblia, no tanto porque ella nos advierta que «no dejemos de congregarnos, como acostumbran hacerlo algunos» (Hebreos 10:25), sino porque en la casa de Dios su ministro escogido declara la Palabra a la gente que está muriendo, explica las Escrituras y enfatiza a los oyentes sus enseñanzas. La oración genera en quienes la practican una resolución de no abandonar la casa de Dios.

La oración genera una consciencia de asistencia a la iglesia, un corazón que la ama y un espíritu que la apoya. Son los creyentes que oran los que hacen una cuestión de consciencia oír la predicación de la Palabra, quienes se deleitan en su lectura y exposición, quienes la apoyan con su influencia y con los medios que poseen. La oración exalta la Palabra de Dios y la hace preeminentemente estimada por quienes con fidelidad y de todo corazón invocan el nombre del Señor.

Reflexión: *¿Cómo describiría la conexión entre la oración y el amor por la iglesia? ¿Qué efectos ha tenido la oración en su participación en reuniones de creyentes donde se enseña la Biblia?*

Tenga cuidado con el «adulterio espiritual»

«¡Oh, gente adúltera! ¿No saben que la amistad con el mundo es enemistad con Dios? Si alguien quiere ser amigo del mundo se vuelve enemigo de Dios». Santiago 4:4

Nada es más explícito que esta verdad. Nada más imperativo, autoritario, exigente e impositivo. «No amen al mundo» (1 Juan 2:15). Nada es para Dios más ofensivo, más abominable y más hiriente en esta sagrada relación con el Padre. La amistad con el mundo es el más grande enemigo de Dios en la medida en que representa un cierto «adulterio espiritual».

El mundo es uno de los enemigos que debemos combatir y conquistar en nuestro camino hacia el cielo. «El mundo» incluye toda la masa de personas alienadas y alejadas de Dios y por lo tanto hostiles a la causa de Cristo. Involucra los asuntos mundanos, todo la gama de bienes terrenos, sus gracias, sus riquezas, sus ventajas, sus placeres y actividades que nos seducen y apartan de Dios. En esencia «el mundo» incluye cualquier cosa que pueda distraernos o separarnos de Dios y su voluntad.

En la hora fatal cuando el hombre cayó de su lealtad y devoción a Dios, llevó con él al mundo en su rebelión contra Dios. El hombre era señor del mundo y al caer, el mundo cayó con su señor. Esta es la razón de su total influencia, de su maligna rivalidad y de su intensa oposición a los cielos. El Diablo tiene su reino aquí. Lo viste de belleza y de poder seductor como el rival de los cielos. La trinidad de adversarios del cielo son el mundo, el Demonio y la carne. La carne batalla contra el espíritu sencillamente porque el Diablo inflama sus deseos. El mundo es no solamente el aliado de Satanás sino también su agente y su instrumento que lo representa con la más servil y total lealtad.

Reflexión: *¿Cuáles aspectos de «el mundo» lo tientan más a usted? ¿Cómo afecta cualquier clase de «adulterio espiritual» la relación diaria de un creyente con Dios? ¿Por qué?*

«Más bien, sean ustedes santos en todo lo que hagan, como también es santo quien los llamó; pues está escrito: "Sean santos, porque yo soy santo"». 1 Pedro 1:15–16

Dios gobierna este mundo, con sus seres inteligentes, para gloria suya y para el bien de ellos. ¿Cuál es, entonces, la obra de Dios en este mundo? O más bien, ¿cuál es el fin que él persigue con su gran obra? No es nada menos que la santidad en el corazón y en la vida de los hijos del caído Adán. El ser humano es una criatura caída, nacida con una naturaleza perversa, con una maligna inclinación, con tendencias impías y con deseos pecaminosos.

El plan integral de Dios es encargarse del ser humano caído y procurar cambiarlo y hacerlo santo. La obra de Dios es hacer santos de hombres y mujeres impíos. Este fue, esencialmente, el propósito de la venida de Cristo a este mundo. «El Hijo de Dios fue enviado (al mundo) precisamente para destruir las obras del diablo» (1 Juan 3:8).

Dios es santo en su naturaleza y en todas sus formas de obrar y quiere hacer que el ser humano sea como él. Esto es ser como Cristo. Ese es el propósito de todo esfuerzo cristiano, y es el deseo fervoroso y auténtico de cada alma realmente regenerada. Por esto debemos orar constante y fervorosamente. Por eso debemos ser santos. No que nos hagamos santos nosotros mismos sino que debemos ser limpiados de todos nuestros pecados con la preciosa sangre expiatoria de Cristo y ser hechos santos por la obra directa del Espíritu Santo. No es que debemos *hacer* cosas santas, sino *ser* personas santas. El *ser* viene antes que el *hacer*. Primero debes lograr que tu corazón sea santo para luego vivir una vida santa. Para este fin alto y bondadoso Dios hizo la más amplia provisión mediante la obra expiatoria de nuestro Señor y a través de la obra del Espíritu Santo.

Reflexión: *¿Cómo se desarrolla la santidad y por qué es necesario que el deseo de l santidad comience en el corazón? ¿Cuál es la diferencia básica entre el ser y el hacer?*

«Que el Dios de esperanza los llene de toda alegría y paz a ustedes que creen en él, para que rebosen de esperanza por el poder del Espíritu Santo». Romanos 15:13

¿Queremos orar con poder y eficacia? Entonces el Espíritu Santo debe obrar en nosotros eficaz y poderosamente. Pablo declara este principio que se aplica a todo creyente: «Para lo cual también trabajo, luchando según la potencia de él, la cual actúa poderosamente en mí» (Colosenses 1:29, RVR1960).

Toda labor para Cristo que no emana de la obra del Espíritu Santo en nosotros carece de valor y es vana. Nuestras oraciones y nuestras actividades son tan débiles e infructuosas porque Cristo no ha obrado en nosotros ni puede obrar mediante el poder de su Espíritu. ¿Quiere lograr resultados poderosos cuando ora? Procure que el Espíritu Santo obre poderosamente en su propio espíritu.

Reflexión: *¿Qué tan poderosas son las obras del Espíritu Santo en su vida? ¿Se ha dedicado completamente para que el Espíritu obre libre y gloriosamente en usted?*

«¿Quién de ustedes quiere hoy dar una ofrenda al Señor?».
1 Crónicas 29:5

Consagración es la dedicación voluntaria y decidida de uno mismo a Dios, una ofrenda que se hace definitivamente sin ninguna reserva. Es separar para Dios primeramente todo lo que somos, lo que tenemos, y todo lo que esperamos ser o tener. No es tanto el darnos a la iglesia, o el mero compromiso en algún aspecto con el trabajo de la iglesia. Tenemos la vista puesta en el Dios Todopoderoso y él es el objeto de toda consagración. La consagración es sagrada en su naturaleza y está dedicada a fines divinos. Es ponerse uno mismo voluntariamente en las manos de Dios para ser usado de manera santa teniendo en perspectiva fines santificadores.

La consagración no es tanto apartarse uno de las cosas pecaminosas y de los fines perversos. Es más bien apartarse de las cosas mundanas, de las cosas seculares y aún de las cosas lícitas —si ellas entran en conflicto con los planes de Dios— para consagrarse a los usos santos. Es dedicar a Dios todo lo que tenemos para el uso específico de él. Es apartarse de las cosas cuestionables, incluso de las lícitas, cuando hay que elegir entre las cosas de esta vida y las demandas de Dios.

La consagración que satisface las demandas de Dios y que él acepta tiene que ser total y completa, sin ninguna reserva. No puede ser parcial así como no podía serlo ninguno de los sacrificios que se ofrecían a Dios sobre el altar del holocausto en tiempos del Antiguo Testamento. Se tenía que ofrecer en sacrificio el animal completo. Reservar alguna parte del animal hubiera invalidado la ofrenda. De modo que hacer una consagración parcial, de medio corazón —por decirlo así— es como no hacerla al fin de cuentas, y fracasa en lograr la aceptación divina.

Reflexión: *¿Qué tipo de cosas se reservan los creyentes en su consagración a Dios? ¿Qué podría estar diciéndole Dios a usted respecto a su devoción hacia él a través de esta lectura?*

«En realidad, sin fe es imposible agradar a Dios, ya que cualquiera que se acerca a Dios tiene que creer que él existe y que recompensa a quienes lo buscan». Hebreos 11:6

La fe abre el camino para que la oración se acerque a Dios. Pero hace algo más, la acompaña en cada uno de sus pasos. La fe es la inseparable compañera de la oración y cuando se hacen peticiones a Dios, la fe convierte el pedir en recibir. Más aún, la fe sigue a la oración, de ahí que la vida espiritual a la cual es guiado el creyente por la oración, es una vida de fe.

La fe hace fuerte a la oración y le confiere la paciencia para esperar en Dios. La fe cree que Dios es recompensador. Ninguna verdad se revela con mayor claridad en las Escrituras, y ninguna es más alentadora. La fe es restrictiva en un aspecto en particular: Ella no cree que Dios recompensa a todo el mundo, o a todos los que oran, sino que recompensa *a quienes lo buscan con diligencia*. La fe basa su cuidado en la diligencia en la oración y provee seguridad a los diligentes buscadores de Dios. Solamente ellos son recompensados ricamente cuando oran.

Necesitamos recordar constantemente que la fe es la condición inseparable de la oración exitosa. Hay otras consideraciones que entran en juego en el ejercicio, pero la fe es la condición máxima e indispensable de la verdadera oración.

Reflexión: *¿Qué involucra la búsqueda «diligente»? ¿Qué función desempeña la fe en el ejercicio de la oración?*

«No nos atrevemos a igualarnos ni a compararnos con algunos que tanto se recomiendan a sí mismos. Al medirse con su propia medida y compararse unos con otros, no saben lo que hacen». 2 Corintios 10:12

Únicamente las Escrituras son la norma de vida y de experiencia. Cuando establecemos nuestra propia norma vienen el error y el engaño; la falsedad en nuestros deseos, la comodidad y el placer establecen la regla, y ésta será siempre una regla baja y carnal. Entonces se abandonan todos los principios fundamentales de la religión cristiana. Cualquier norma religiosa que provea para los deseos de la carne es anti bíblica y perjudicial.

Las Escrituras no permiten que otros establezcan nuestras normas religiosas. Cuando permitimos que otras personas lo hagan, la norma por lo general es deficiente porque en la imitación, los defectos del imitado se transfieren al imitador más fácilmente que las virtudes, y una segunda edición de un hombre se desfigura por sus defectos.

El mayor mal cuando otras personas determinan por nosotros nuestro criterio religioso estriba en permitir que la opinión del momento —cualquiera que sea la norma o la medida aceptada— dé forma o moldee nuestra opinión y nuestro carácter religioso. Adoniram Judson una vez le decía a un amigo: «Permíteme rogarte que no te contentes con la religión común que ahora está tan de moda».

La religión común es complaciente de carne y sangre. No hay en ella negación de uno mismo, ni cruz que llevar ni crucifixión.

Ella es suficientemente buena para nuestro prójimo. ¿Para qué separarnos y ponernos en un nivel por encima de la censura? Otros están viviendo en un plano bajo, en un nivel de concesiones viviendo como el mundo vive. ¿Por qué debemos ser peculiares y celosos de buenas obras? ¿Por qué hemos de luchar para ganar el cielo cuando tantos están zarpando en «cómodas y floridas naves»?

¿Por qué? Porque nos guiamos por la norma de Dios y no por la del hombre.

Reflexión: *¿Qué ocurre cuando los cristianos permiten que otras personas y las opiniones de moda y no la Biblia determinen sus normas? ¿Conoce usted suficientemente la Biblia para hacer de ella su regla para una vida piadosa?*

«Hermanos, si alguien es sorprendido en pecado, ustedes que son espirituales deben restaurarlo con una actitud humilde. Pero cuídese cada uno, porque también puede ser tentado». Gálatas 6:1

El trabajo de la iglesia no es exactamente el de buscar nuevos miembros sino cuidar y guardar a los que ya han entrado. Y si algunos son alcanzados por el pecado se les debe buscar. Si no se les puede restaurar de sus faltas se produce una escisión.

A pesar de lo buena iglesia que era la de Tesalónica, necesitaba instrucción y exhortación en este asunto de cuidar a los creyentes que andaban desordenadamente. Y es así como escuchamos a Pablo decir: «Pero les ordenamos hermanos, en el nombre de nuestro Señor Jesucristo, que se aparten de todo hermano ande desordenadamente» (2 Tesalonicenses 3:6, RVR1960). Tengamos cuidado, no es la sola presencia de los desordenados en la iglesia lo que causa el desagrado de Dios, sino cuando son tolerados bajo la equívoca razón de «sobrellevar sus cargas» y no se dan los pasos necesarios para curarlos de sus prácticas impías o para excluirlos de la comunión de la iglesia.

Este notorio descuido por parte de la iglesia en el cuidado de sus miembros extraviados no es sino un signo de falta de oración, porque una iglesia que ora —cuyos miembros oran los unos por los otros, en acuerdo entre sí— tiene la agudeza para discernir cuando uno de sus miembros es tomado en una falta, y procura restaurarlo o cortarlo si es incorregible.

¿Parece este un curso de acción duro? Entonces nuestro Señor fue culpable de dureza. Porque fue él quien dijo: «Si se niega a hacerles caso... incluso a la iglesia, trátenlo como si fuera un incrédulo o un renegado» (Mateo 18:17). No es más duro este acto que el del diestro cirujano que al ver al cuerpo en peligro por un miembro gangrenoso lo extirpa por el bien del resto del cuerpo. Lo que parece dureza es obediencia a Dios y bienestar para la iglesia.

Reflexión: *¿Por qué debe disciplinar la iglesia a los miembros «desordenados»? ¿Cómo puede causar vergüenza al nombre de Jesús el no disciplinarlos?*

«Mas nuestra ciudadanía está en los cielos, de donde
también esperamos al Salvador, al Señor Jesucristo».
Filipenses 3:20, RVR1960

Las Escrituras proporcionan grandes incentivos para la oración. La presencia de Cristo en los cielos, la preparación que
para sus santos está haciendo allí, y la seguridad de que vendrá
otra vez para llevarlos, todo esto alivia el cansancio en la oración,
fortalece sus resoluciones y suaviza su ardua tarea. Esta es la estre-
lla de la esperanza de la oración, la mano que enjuga sus lágrimas
e impregna con el aroma de los cielos la amargura de su clamor.

El espíritu de peregrino facilita grandemente la oración. Un
espíritu apegado a lo terreno no puede orar. En un corazón así la
llama del deseo espiritual o se ha apagado o se ha convertido en
fuego decreciente en el rescoldo. Las alas de la fe han sido cortadas
y su lengua silenciada. Pero quienes con fe no desviada esperan en
el Señor continuamente en oración, renuevan sus fuerzas, alzan
las alas como las águilas, corren y no se cansan, caminan y no se
fatigan.

Reflexión: *¿Que tan a menudo piensa usted en el cielo y en lo que
los creyentes experimentarán allí? ¿Cuál cree usted que es la relación entre esperar continuamente en el Señor y en las promesas de
Dios relativas a los cielos?*

«Así nosotros nos dedicaremos de lleno a la oración y al ministerio de la palabra». Hechos 6:4

Ni las escuelas, ni las universidades se pueden considerar como líderes en la promoción de la obra del reino de Dios en el mundo. Esta tarea la debe cumplir la Palabra predicada, enviada desde los cielos, entregada con el poder del Espíritu Santo, sembrada por manos de hombres y mujeres que oran y regada con las lágrimas que brotan de los corazones que oran.

Las personas son esenciales en la gran obra de salvar las almas y son personas las que deben ir. No se necesita una fuerza impersonal o angélica. Los corazones humanos bautizados con el espíritu de oración deben llevar la carga de este mensaje, y lenguas humanas con fuego como resultado de oración fervorosa y persistente deben declarar la Palabra de Dios a los seres humanos que mueren.

La iglesia de hoy necesita creyentes que oren, que cumplan con la solemne responsabilidad. La clamorosa necesidad de nuestro tiempo es la de hombres y mujeres temerosos de Dios, que oren, llenos del Espíritu Santo, que sometan todas las cosas a la cruz de Cristo. Las personas que están en gran demanda en la iglesia en estos tiempos son las que han aprendido sobre sus rodillas el negocio de la oración y que lo han aprendido en medio de la necesidad y la agonía de sus propios corazones.

Reflexión: *Pídale a Dios que le muestre la forma en que puede acercarse más a él y en que puede crecer en el conocimiento de Jesucristo.*

«Vayan por todo el mundo y anuncien las buenas noticias a toda criatura». Marcos 16:15

El Espíritu de Jesucristo es el espíritu de las misiones. Su promesa y su advenimiento constituyen el primer movimiento misionero. El espíritu misionero no es solamente una frase del evangelio, ni un mero componente del plan de salvación, sino que son su espíritu y su vida misma. El movimiento misionero es la iglesia de Jesucristo marchando en formación militar con la meta de conquistar todo el mundo de la raza humana para él.

Quienquiera que es tocado por el Espíritu de Dios ha recibido un impacto del espíritu misionero. Un cristiano anti misionero es una contradicción de términos. Diríamos que es un imposible ser cristiano anti misionero debido a la imposibilidad de las fuerzas humanas y divinas de llevar a la gente a tal estado y mucho más de alinearlas con la causa misionera.

El impulso misionero es el palpitar del corazón de nuestro Señor Jesucristo enviando sus fuerzas vitales a través del cuerpo integral de la iglesia. La vida espiritual del pueblo de Dios se levanta o cae con la fuerza de este palpitar. Cuando estas fuerzas vitales cesan, sobreviene la muerte. Por eso las iglesias anti misioneras son iglesias muertas, así como los cristianos anti misioneros son cristianos que han fallecido.

Reflexión: *¿Qué excusas dan algunos cristianos para no compartir la vida y la verdad de Jesús con otras personas? ¿Está de acuerdo en que una iglesia antimisionera es una iglesia muerta? ¿Por qué?*

«Cuando venga el Hijo del hombre, ¿encontrará fe en la tierra?».
Lucas 18:8

¿Crece o declina la fe con el paso de los años? ¿Permanece firme y fuerte en estos días en que la maldad abunda y el amor de muchos se enfría? ¿Se mantiene la fe cuando la religión tiende a ser un mero formalismo y la mundanalidad progresivamente gana terreno? Debemos hacernos esta pregunta de nuestro Señor tan apropiada en nuestros días: «Cuando venga el Hijo del hombre, ¿encontrará fe en la tierra?». Nosotros creemos que la encontrará, y es nuestra responsabilidad este día ver que la luz de la fe esté alumbrando.

La fe es el fundamento del carácter cristiano y de la seguridad del alma. Cuando previendo la negación de Pedro Jesús lo alertaba al respecto, dijo a su discípulo: «¡Simón, Simón! Mira que Satanás ha pedido zarandearlos a ustedes como si fueran trigo. Pero yo he orado por ti, para que no falle tu fe» (Lucas 22:31–32). Nuestro Señor estaba declarando una verdad central. Era la fe de Pedro la que él procuraba guardar porque bien sabía que cuando la fe se quebranta, el fundamento de la vida espiritual cede y toda la estructura de la experiencia religiosa se viene abajo. Era la fe de Pedro la que necesitaba ser protegida.

Reflexión: *¿Ha aumentado o disminuído su fe durante los años recientes? ¿Por qué? ¿Cómo ha impactado la fe su vida y la de las personas que lo rodean?*

«Por la mañana hazme saber de tu gran amor, porque en ti he puesto mi confianza». Salmo 143:8

El centro de la confianza es Dios. Las montañas de dificultades y todos los demás obstáculos de la oración los remueve del camino la confianza. Cuando la confianza es perfecta y sin dudas, la oración es sencillamente la mano que se extiende lista para recibir. Confianza perfeccionada es oración perfeccionada. La confianza mira para recibir las cosas que pidió y las recibe. La confianza no es la creencia de que Dios puede bendecir o que él bendecirá sino que él *en efecto* bendice, aquí y ahora.

La confianza siempre opera en el tiempo presente. La esperanza mira hacia el futuro. La confianza mira el presente mientras espera. Recibe lo que la oración adquiere. De modo que lo que la oración necesita en todo momento es confianza permanente y abundante.

Reflexión: *¿Está su mano extendida hacia Dios hoy en oración lista para recibir? ¿Sí, o no, y por qué?*

«Porque hay un solo Dios y un solo mediador entre Dios y los hombres, Jesucristo hombre». 1 Timoteo 2:5

Jesucristo —un hombre, el Dios-hombre, la máxima expresión de la hombría— es el mediador entre Dios y los seres humanos. Este hombre divino murió por toda la raza humana. Su vida no es otra cosa que la intercesión por todos los hombres. Su muerte, nada diferente a una oración por todas las criaturas humanas. Cuando estuvo en la tierra Jesucristo no conoció una ley superior, ni asunto más santo ni vida más divina que implorar por los seres humanos. En los cielos no conoce un estado más real ni un tema de más importancia que interceder por los suyos. En la tierra vivió, oró y murió por todos. Su vida, su muerte y su exaltación en los cielos, todo ello implora por los seres humanos.

¿Existe para el discípulo una tarea superior para realizar que la que su Señor realizó? ¿Hay una ocupación más alta, más honorable y divina que orar por la salvación de otros? ¿Podemos aspirar a una misión más grande que romper la esclavitud que los ata y levantarlos a la inmortalidad y la vida eterna? Nada parece tan grande como la intercesión por las almas de otras personas, de modo pues que oremos por ellas sin desmayar.

Reflexión: *¿Qué tan dedicado está usted a la intercesión por otras personas que necesitan a Dios? Ore para que Dios le traiga a la mente los nombres de personas por las cuales pueda orar regularmente.*

«El justo vivirá por su fe».
Habacuc 2:4

La fe no es una creencia abstracta en la Palabra de Dios, un mero concepto mental, un simple asentimiento del entendimiento y de la voluntad. Ni es una pasiva aceptación de hechos santos cumplidos. La fe es una operación de Dios, una iluminación divina, una energía santa implantada por la Palabra de Dios y el Espíritu Santo en el alma humana.

La fe está consciente de Dios y se relaciona con él. Ve al Señor Jesucristo y acude a él como el Salvador. Se abre a la Palabra de Dios y echa mano de la verdad. Acoge al Espíritu de Dios y recibe la energía e inspiración de su fuego santo. Dios es el gran objetivo de la fe porque todo su peso descansa en la Palabra de Dios. La fe no es un acto del alma sin un objetivo determinado; es una acción que tiene a Dios a la vista y descansa en sus promesas. Tal como el amor y la esperanza tienen siempre un objetivo, así ocurre con la fe. Fe no es creer simplemente *cualquier cosa;* es creerle a Dios, descansar en él y confiar en su Palabra.

La fe da a luz la oración, se fortalece, se hace más intensa y se eleva a niveles superiores durante las luchas y los conflictos de la petición poderosa. La fe es la sustancia de las cosas que se esperan, la consciencia la y seguridad de la herencia de los santos. Ella es humilde y es perseverante. Puede esperar mientras ora; puede permanecer sobre las rodillas o yacer en el polvo. La fe es el gran requisito de la oración y la carencia de ella es la cusa de toda oración pobre, débil, escasa y sin respuesta.

La naturaleza y el significado de la fe se pueden demostrar más fácilmente por lo que realiza que mediante una definición. De ahí que si miramos el registro de la fe que se nos ha dado en esa lista de honor que constituye Hebreos 11, podemos ver algo de sus maravillosos resultados.

Reflexión: *¿De qué maneras el nivel de su fe ha afectado su vida, especialmente su vida de oración? ¿Está de acuerdo con la afirmación de que la naturaleza y el significado de la fe se pueden demostrar más fácilmente con acciones que con definiciones? ¿Sí, o no, y por qué?*

«Obedezcan mis estatutos y pónganlos por obra. Yo soy el
Señor, el que los consagra». Levítico 20:8

Si usted tiene un ferviente deseo de orar bien, tiene que aprender a obedecer bien. Si desea aprender a orar, debe tener un
serio deseo de aprender a hacer la voluntad de Dios. Si quiere
aprender a orar a Dios debe tener un ardiente deseo de obedecerlo. Si ha de tener libre acceso a Dios en oración debe remover cada
obstáculo de pecado o desobediencia.

A través de todas las Escrituras se nos presenta a Dios como
alguien que desaprueba la desobediencia y condena el pecado,
y esto aplica tanto a la vida de los pecadores como a la vida de
sus elegidos. En ningún lugar tolera Dios el pecado o excusa la
desobediencia. Dios siempre enfatiza la obediencia a sus mandamientos. La obediencia trae bendición; la desobediencia provoca
desastre. Esta es una verdad que se repite en la Palabra de Dios
desde el principio hasta el fin.

La oración es obediencia. Ella está basada en la roca inconmovible de la obediencia a Dios. Solamente quienes obedecen tienen
el derecho de orar. Tras el orar debe estar el hacer. Es el constante
cumplimiento de la voluntad de Dios en la vida diaria lo que hace
potente a la oración.

Reflexión: *¿Por qué tantas personas, incluyendo los cristianos, de-
ciden descartar algunos de los mandamientos de Dios en la Biblia?
¿Cómo puede usted obedecer a Dios hoy y animar a otras personas a
hacerlo, frente a tantas tentaciones?*

«Y yo le pediré al Padre, y él les dará otro Consolador para que los acompañe siempre». Juan 14:16

El Espíritu Santo es no solamente la lámpara luminosa de la dispensación cristiana —su Maestro y su Guía— sino el divino Ayudador. Él es el agente capacitador en la nueva dispensación del actuar de Dios. Así como el piloto toma su lugar al timón para guiar la nave, así el Espíritu Santo toma su lugar en el corazón humano para guiarlo y darle fuerza en todos sus esfuerzos. El Espíritu Santo ejecuta todo el contenido del evangelio en el hombre estando presente en él y controlando su espíritu. En la ejecución de la obra expiatoria de Jesucristo, ya sea en su operación general y más amplia, o en su minuciosa aplicación personal, el Espíritu Santo es el único agente eficiente, absoluto e indispensable.

Solo el Espíritu Santo puede ejecutar el evangelio. Solamente él tiene la autoridad para hacer este trabajo real. El intelecto no puede hacerlo, ni el aprendizaje, la elocuencia, la verdad, ni siquiera la verdad revelada. Los hechos maravillosos de la vida de Cristo contados por corazones sin la unción del Espíritu Santo son secos y estériles, o «como una historia contada por el entusiasmo de un necio que no significa nada», como dijera el escritor inglés Shakespeare. Solamente las lenguas inflamadas por el poder del Espíritu Santo pueden testimoniar el poder salvador de Cristo.

Reflexión: *¿De qué maneras está obrando el Espíritu Santo en su vida? ¿Por qué es tan esencial su presencia para usted?*

Que sus oraciones sean grandes y atrevidas

«El que no escatimó ni a su propio Hijo, sino que lo entregó por todos nosotros, ¿cómo no habrá de darnos generosamente, junto con él, todas las cosas?». Romanos 8:32

Pareciera que el Dios Todopoderoso temiera que nosotros dudemos en pedir tanto y tan ampliamente al punto de llegar a exceder su capacidad. Por eso declara «que puede hacer muchísimo más que todo lo que podamos imaginarnos o pedir» (Efesios 3:20). ¡Cómo nos encarga, nos manda y nos insta a orar!

En sus promesas Dios nos dio todas las cosas mediante la oración porque en su Hijo él ya nos las había dado. ¡Qué regalo más asombroso: su propio Hijo! ¡La oración es infinita e ilimitada como lo es nuestro bendito Señor Jesús! No hay nada sobre la tierra o en los cielos que el Hijo de Dios no haya logrado para nosotros. Mediante la oración Dios nos da la vasta e incomparable herencia que es nuestra por virtud de su Hijo. Dios nos manda a «acercarnos confiadamente al trono de la gracia» (Hebreos 4:16). Dios es glorificado y Cristo recibe honra cuando sus hijos le piden con oraciones grandes y atrevidas.

Reflexión: *¿Por cuál persona, circunstancia o necesidad va a orar usted hoy atrevidamente? ¿Qué clase de excusa o falsa visión de Dios podría estar impidiéndole acercarse a él mediante oraciones grandes y atrevidas?*

«Dichosos los que tienen hambre y sed de justicia, porque serán saciados». Mateo 5:6

Debemos orar ya sea que sintamos o no el deseo de hacerlo y no debemos permitir que nuestros sentimientos determinen nuestros hábitos de oración. Cuando no hay deseo de orar, debemos pedirlo, porque ese deseo viene de Dios. La carencia del deseo de orar debe afligirnos y nos debe llevar a buscar con fervor su gracia de modo que nuestra oración sea «el sincero deseo del alma».

El sentido de necesidad crea, o debe crear, un fervoroso deseo. Mientras más fuerte sea el sentido de necesidad más grande debe ser el deseo y más ferviente la oración. El hambre produce una necesidad física, lo que provoca la demanda de pan. De igual manera la consciencia interior de la necesidad espiritual crea deseo, lo que provoca la oración. El deseo es un anhelo interior por algo de lo cual carecemos y necesitamos; algo que Dios ha prometido y puede lograrse mediante una fervorosa súplica ante su trono de gracia.

El deseo espiritual, llevado a un nivel más alto, es la evidencia del nuevo nacimiento. Nace del alma renovada: «Deseen con ansias la leche espiritual pura, como niños recién nacidos» (1 Pedro 2:2). La ausencia de este deseo santo en el corazón es prueba presuntiva de una de dos cosas: de una decadencia del celo espiritual o de que el nuevo nacimiento nunca ha ocurrido.

Reflexión: *¿Cuáles son algunas de las señales peligrosas relativas a la oración en cuanto al deseo espiritual? ¿Qué tan fuerte es su sentido de necesidad de Dios y sus bendiciones?*

«Ahora bien, sabemos que Dios dispone todas las cosas para el bien de quienes lo aman, los que han sido llamados de acuerdo con su propósito». Romanos 8:28

El hijo pródigo era independiente y auto suficiente mientras estaba en prosperidad, pero cuando el dinero y los amigos desaparecieron y comenzó a faltarle, «volvió en sí» y decidió regresar a la casa del padre con una oración y una confesión en sus labios (ver Lucas 15:11–32). Muchos hombres que se han olvidado de Dios han sido detenidos, forzados a considerar sus caminos y constreñidos a regresar al Padre. ¡Benditos son los problemas cuando logran esta reacción en los hombres!

Las dificultades hacen que la tierra sea indeseable y que el cielo aparezca destacado en el horizonte de la esperanza. Existe un mundo en donde nunca hay problemas. Pero la senda a tal mundo es la senda de la tribulación. ¡Qué mundo el que se muestra a nuestros ojos anhelantes y que apela a nuestras esperanzas cuando las aflicciones, como terrible ciclón, se abaten sobre nosotros! Escuche al apóstol Juan hablando de ese mundo y de los que viven en él: «Después de esto miré... una multitud tan grande que nadie podía contarla... estaban de pie delante del trono y del Cordero, vestidos de túnicas blancas y con ramas de palma en la mano... Estos son los que están saliendo de la gran tribulación; han lavado y blanqueado sus túnicas en la sangre del Cordero» (Apocalipsis 7:9, 14).

Querida hijo e hija de Dios: tú que has sufrido y has sido probado por la aflicción, tú que tienes tu espíritu quebrantado y tu corazón sangrante, echa mano de la esperanza que emerge en el horizonte. Dios está en todos tus problemas y se encargará de que todos ellos «obren para tu bien» si eres paciente, sumiso y perseverante.

Reflexión: *Considere las formas en que sus problemas han moldeado su vida. ¿Mirar hacia adelante, hacia el cielo, lo sostiene en las penalidades que sufre aquí en la tierra?*

«El amor de muchos se enfriará». Mateo 24:12

L a falta de pasión en la oración es la señal segura de falta de profundidad y de carencia de intensidad del deseo, y la carencia de intenso deseo es signo inequívoco de que Dios está ausente del corazón. Perder el fervor es apartarse de Dios. Él puede tolerar muchas cosas en sus hijos —y de hecho lo hace— como flaquezas y fracasos. Puede perdonar el pecado —y de seguro lo hará— cuando la persona penitente ora. Pero dos cosas son intolerables para él: la falta de sinceridad y la tibieza. Dicho de manera simple y sencilla, la falta de corazón y la falta de fuego son dos cosas que Dios detesta.

Reflexión: *¿Por qué detesta Dios la insinceridad y la falta de pasión y dedicación espiritual? Si usted carece de corazón y de fuego, ¿qué puede hacer para recuperarlos?*

«Practiquen el dominio propio y manténganse alerta. Su enemigo el diablo ronda como león rugiente, buscando a quién devorar». 1 Pedro 5:8

Satanás pervierte las cosas que son verdaderas obras de Dios y mal emplea los milagros para oscurecer la gloria de Dios. A menudo trata de abatir el alma y reducirla a la desesperación. Procura desanimarnos diciéndonos que jamás lograremos el éxito, que el camino es demasiado duro y estrecho, y que la carga es demasiado pesada.

Se aprovecha de la fe vacilante y fomenta los temores. Esconde la gracia de nuestra vista, nos hace ver más grandes nuestras faltas y clasifica nuestras flaquezas como pecados mayores. A veces Satanás utiliza el temor a la muerte para apagar el fuego de la fe, y la tumba llega a ser algo temible. Hace ver negro el futuro. Dios y el cielo desaparecen de la vista tapados por el grueso velo de las preocupaciones, pruebas y necesidades del mañana. Los desastres imaginarios, los fracasos y males del mañana son armas poderosas en las manos de Satanás. Él sugiere que el Señor es un amo duro y que sus promesas no se cumplirán. Trabaja con la corrupción que queda en el corazón y suscita una gran tormenta en el alma. Tienta el mal genio, provoca las palabras apresuradas, la impaciencia y el razonamiento carnal que es su poderoso aliado en nuestra mente.

Reflexión: *¿Cómo ha tratado de engañarlo Satanás y de socavar su fe? ¿Por qué es la mente tal campo de batalla?*

«Dedíquense a la oración: perseveren en ella con agradecimiento». Colosenses 4:2

Nada distingue con mayor énfasis y claridad a los hijos de Dios que la oración sistemática y vigilante. Es la marca y la prueba infalible de que se es cristiano. La gente cristiana ora, las personas con mentes mundanas no lo hacen. Los cristianos invocan a Dios, las personas mundanas lo ignoran y no invocan su nombre. Pero aún el cristiano necesita cultivar el hábito de la oración continua. La oración debe ser habitual pero debe ser mucho más que un simple hábito. Es un deber, no obstante se levanta mucho más alto y va más allá de las implicaciones comunes del término. Ella es la expresión de una relación con Dios, un vivo anhelo de la comunión divina. Es el flujo externo y ascendente de la vida interior hacia su fuente original.

Tiene que ver con la manera en que se moldea el alma a la imagen de Dios, con mejorar y acrecentar la medida de la gracia divina, con llevar el alma a una completa comunión con el Señor y con enriquecer su experiencia con Dios. La oración es la única manera en el alma de un hombre o una mujer puede entrar en relación y comunión con Dios, la fuente de todo espíritu y energía cristianos.

Reflexión: *¿Cómo puede cultivar la «oración sistemática y vigilante»? ¿Qué retos enfrenta al hacerlo?*

«Por su gran misericordia, nos ha hecho nacer de nuevo mediante la resurrección de Jesucristo de entre los muertos, para que tengamos una esperanza viva». 1 Pedro 1:3

Qué destacado lugar el que tiene la resurrección de los muertos en la predicación apostólica. Cristo se levantó de la tumba y quienes invocan su gracia salvadora serán resucitados con él. Qué consuelo y solaz el que trajo este mensaje a los primeros creyentes. Con qué frecuencia lo repitieron para edificación, renovación y fortalecimiento. Qué rico mensaje para que la iglesia naciente lo recibiera y lo transmitiera y cuan seguros estuvieron los primeros cristianos de esta verdad. Ella era parte de la esencia misma de su fe, infundió un doble brillo a sus esperanzas y los capacitó para soportar los fuegos del martirio y las feroces persecuciones.

Necesitamos que estos hechos fundamentales penetren de nuevo en nuestro ser espiritual como el hierro entra en la sangre para hacerla roja, fuerte y vitalizadora. Esta extraordinaria seguridad ha perdido para muchos creyentes su energía y su poder estimulante. Nuestra fe requiere que se le alimente de nuevo con ellos.

Estos hechos tienen que ser para nosotros lo que fueron para los primeros cristianos: esperanza, poder y confianza. Ellos deben entrelazar nuestras canciones y llenar nuestro testimonio. Debemos saber que Jesucristo fue levantado de entre los muertos porque nosotros fuimos levantados con él de la muerte de pecado.

Reflexión: *¿Por qué debemos tener en mente la resurrección de Jesús? ¿Qué diferencia debe hacer esta verdad histórica?*

Sirvientes de corazón cálido, oraciones al rojo vivo

«Quebrantada está mi alma de desear tus juicios en todo tiempo». Salmo 119:20, RVR1960

La oración sin fervor no aporta nada en el asunto porque no tiene nada que aportar. Llega con manos vacías e indiferentes que nunca han aprendido la lección de asirse de la cruz. La oración letárgica no tiene en ella corazón, es algo estéril, un vaso inútil. En toda oración auténtica debe haber corazón, alma y vida. Ella debe hacerle sentir al cielo la fuerza de su clamor a Dios.

Pablo es un ejemplo notable de un hombre que poseía un ferviente espíritu de oración. Su forma de pedir era ardiente, centrada de manera inamovible en el objeto de su deseo: el Dios que podía satisfacerlo. Las oraciones deben ser al rojo vivo. La oración ferviente es eficaz y prevalece. La frialdad de espíritu estorba la oración la cual no puede vivir en una atmósfera invernal. El frío circundante congela nuestras peticiones y seca los manantiales de la súplica. Se necesita fuego para hacer que las oraciones asciendan. El calor en el alma crea una atmósfera favorable a la oración porque favorece la devoción. Sobre la llama la oración asciende a los cielos. Sin embargo, fuego no es ruido, alboroto o acaloramiento. Fuego es intensidad, algo que brilla y quema. Los cielos son un mal mercado para el hielo.

Dios quiere siervos con corazones cálidos. El Espíritu Santo viene a morar en nosotros *como fuego*. Debemos ser bautizados con el Espíritu Santo y con fuego. La devoción es el calor del alma. Un temperamento flemático es contrario a una experiencia vital. Si nuestra religión no nos incendia es porque tenemos corazones congelados. Dios habita entre las llamas; el Espíritu Santo desciende en fuego. Ser absorbida por la voluntad de Dios, que todo su ser arda de fervor, es la condición calificadora de la persona comprometida en oración efectiva.

Reflexión: *¿Cómo llegan a «congelarse» nuestros corazones? ¿Cómo podemos reavivar la intensidad de nuestro anhelo por Dios y su voluntad? ¿Qué significa ser «absorbido por la voluntad de Dios»?*

«Que la gracia del Señor Jesucristo, el amor de Dios y la comunión del Espíritu Santo sean con todos ustedes».
2 Corintios 13:14

Hay creyentes que quieren ser llenos con el poder y la presencia del Espíritu Santo, sin embargo se quejan de que carecen de ambos. ¿Cuál es la razón? De muchos de los hijos de Dios bien se podría decir: «No tienen porque no piden». Y de muchos otros se puede decir que «Tienen al Santo Espíritu en pequeña medida porque oran por un poco de él nada más». El Espíritu Santo es el Espíritu de pureza, poder, santidad, fe, amor y alegría. Toda gracia existe y se perfecciona por él.

Necesitamos el Espíritu Santo y necesitamos despertarnos para buscarlo. La medida que recibimos de él será equivalente al fervor de la fe y la oración con que lo busquemos. Nuestra capacidad de trabajar para Dios, de orar y vivir para él, y de afectar a otros en su nombre dependerá de la medida del Espíritu Santo que recibamos y que more y opere en nosotros.

Reflexión: *¿Por qué depende nuestra capacidad de trabajar eficazmente para Dios del hecho de recibir el Espíritu Santo? ¿Qué tan profundo es su deseo de la presencia y la obra del Espíritu Santo en su vida?*

«Supongamos —continuó— que uno de ustedes tiene un amigo y a medianoche va y le dice: "Amigo, préstame tres panes [...] Les digo que, aunque no se levante a darle pan por ser amigo suyo, sí se levantará por su impertinencia y le dará cuanto necesite». Lucas 11:5, 8

La constante en las enseñanzas de Cristo es declarar que los creyentes deben orar fervientemente, con un fervor al cual no se le pueda dar una negativa. El cielo tiene oídos para escuchar solamente a quienes oran de todo corazón y con el más profundo fervor. La energía, el valor, la persistencia y la perseverancia deben respaldar las oraciones que el cielo respeta y Dios escucha.

Todas estas cualidades del alma, tan esenciales para la oración eficaz, se enfatizan en la parábola del hombre que a media noche fue donde su amigo a pedirle pan prestado. Este hombre fue a hacer su mandado con confianza. La amistad le había prometido el éxito. Su petición era apremiante; en realidad no podía regresar con las manos vacías. La abierta negativa lo mortificó y lo tomó por sorpresa. Aquí, ¡aún la amistad falló! Pero había algo que podía intentar todavía: una firme resolución, inconmovible determinación. Se quedaría allí e insistiría en su demanda hasta que la puerta se abriera y la petición fuera concedida. Esto fue lo que hizo y la fuerza de la importunidad consiguió lo que la solicitud ordinaria había fallado en obtener.

El Salvador utilizó el éxito de este hombre, logrado ante una franca negativa, para ilustrar la necesidad de la insistencia ante el trono de la gracia celestial. Cuando no hay una respuesta inmediata, el cristiano que ora debe hacer acopio de valor ante cada demora y aumentar el apremio hasta que la respuesta llegue, lo cual es seguro si tiene la fe vigorosa para seguir presionando por su petición.

Desmayar, impacientarse o actuar con timidez puede ser fatal para nuestras oraciones. El corazón del Padre, con su mano y su infinito poder, tiene la infinita disposición de oír y de responder. La oración persistente es el movimiento interior del corazón hacia Dios. Es la acción de toda la fuerza espiritual del ser humano en el ejercicio de la oración

Reflexión: *¿Lleva usted constantemente sus necesidades ante Dios? ¿Sí, o no, y por qué? ¿Qué le impide hacer súplicas fervorosas y persistentes al Señor?*

«Si de veras se les habló y enseñó de Jesús según la verdad que está en él [...] ponerse el ropaje de la nueva naturaleza, creada a imagen de Dios, en verdadera justicia y santidad». Efesios 4:21, 24

La oración gobierna la conducta, y la conducta hace el carácter. La conducta es lo que hacemos; el carácter es lo que somos. La conducta es la vida exterior; el carácter es la vida invisible, oculta en nosotros y no obstante evidenciada en lo que se ve. La conducta es externa, lo que se ve; el carácter es interno, lo que opera en el interior. En la economía de la gracia la conducta es hija del carácter. El carácter es el estado del corazón; la conducta es su expresión externa. El carácter es la raíz del árbol; la conducta es el fruto que el árbol produce.

La oración ayuda a establecer el carácter y modela la conducta, y tanto el uno como la otra dependen de la oración para su éxito continuado. Podrá haber cierto grado de carácter y conducta moral independiente de la oración, pero no puede haber algo así como un carácter y una conducta cristiana diferentes, sin ella. La oración ayuda en donde todo lo demás falla. A medida que oramos somos mejores y más puros.

El fin y el propósito de la obra expiatoria de Cristo es crear carácter cristiano y por ende conducta cristiana. «Nuestro Salvador Jesucristo se entregó por nosotros para rescatarnos de toda maldad y purificar para sí un pueblo elegido, dedicado a hacer el bien» (Tito 2:13–14).

No es simplemente en obras de caridad y actos de misericordia en lo que Cristo insiste en sus enseñanzas, sino en el carácter espiritual interior. Tanto así es lo que demanda y nada menos es suficiente para él. En el estudio de las epístolas de Pablo, una cosa se destaca con claridad inequívoca: su insistencia sobre la santidad de corazón y la rectitud de vida.

Reflexión: *¿Qué función desempeña la oración en cuanto a ayudar a cada uno de nosotros a ser santos y justos? ¿Su conducta externa refleja lo que es su carácter interno?*

«Atiéndeme, Señor; respóndeme, pues pobre soy y estoy necesitado. Protege mi vida, pues te soy fiel. Tú eres mi Dios y en ti confío; ¡salva a tu siervo!». Salmo 86:1–2

La oración produce limpieza de corazón y pureza de vida. No puede producir otra cosa. La conducta impía nace de la falta de oración; las dos van de la mano. Orar y pecar no pueden existir a la vez: necesariamente una de los dos acciones termina.

Haga que los hombres y mujeres oren y dejarán de pecar porque la oración crea aversión por el engaño y obra de tal manera en el corazón, que la maldad llega a ser repugnante y toda la naturaleza se levanta a una reverente contemplación de las cosas elevadas y santas.

Reflexión: *¿Cómo ha influenciado la oración sus actitudes y sus acciones? ¿Qué formas de pecado le impiden todavía ser santo?*

«Pero Jesús, dándose cuenta de que querían llevárselo a la fuerza y declararlo rey, se retiró de nuevo a la montaña él solo».
Juan 6:15

El Señor alimentó a la multitud y la despidió. Luego, al darse cuenta que querían hacerlo su gobernante terreno se alejó de esas multitudes que lo buscaban anhelantes, ansiosas e impacientes. La masa humana de individuos necesitados lo abrumaba y agotaba. Los discípulos se agitaban en el mar, pero la calma reinaba en la cima del monte en donde nuestro Señor se arrodillaba en oración secreta. Él necesitaba estar, en ese momento, a solas con Dios. La tentación hacía su obra a esa hora.

La multitud se había dado un banquete con los cinco panes y los dos peces. Saciados de comida y emocionados en extremo, querían hacer rey a Jesús. Pero él huyó de la tentación para orar en secreto, porque allí estaba la fuente de su fortaleza para resistir el mal. ¡Qué refugio fue la oración secreta aún para el Hijo de Dios! Y qué refugio es ella para nosotros y qué protección contra las coronas deslumbrantes e ilusorias del mundo. Qué seguridad la que se experimenta al estar a solas con Dios cuando el mundo nos tienta, nos halaga y nos atrae.

Reflexión: *¿Cómo responde usted, generalmente, cuando vienen las tentaciones? ¿Busca la presencia y el poder de Dios... y ora?*

«Cristo amó a la iglesia y se entregó por ella para hacerla santa. Él la purificó, lavándola con agua mediante la palabra, para presentársela a sí mismo [...] santa e intachable». Efesios 5:25–27

Uno de los ardides de Satanás para abatir y engañar es establecer un estimado equivocado de la fortaleza de la iglesia. Él reúne y exhibe los resultados materiales más atractivos, alaba el poder de las fuerzas civilizadoras y hace proclamar las glorias y el poder de la iglesia hasta que sus líderes son encandilados y atrapados. La iglesia entonces se mundanaliza mientras hace alarde de su espiritualidad.

No hay engañador más astuto en el diabólico arte de la impostura y la trapisonda. Disfrazado de ángel de luz lleva a las almas a la muerte. Mal entender los elementos de la fortaleza de la iglesia es mal entender su carácter y cambiarlo en cuanto a sus esfuerzos y sus objetivos. La fortaleza de la iglesia radica en su piedad, su pureza y su humildad. Todo lo demás es contingente y no hace parte de la esencia de las cosas. Pero en el lenguaje mundano y popular de nuestros días, a una iglesia se le llama fuerte cuando su membresía es numerosa, cuando tiene posición social y recursos financieros, cuando el púlpito exhibe habilidad y elocuencia, y cuando la silletería está llena de gente refinada y prestigiosa. Conserve en mente esta verdad: la fortaleza de la iglesia no consiste en su tamaño ni en su dinero, sino en la santidad de sus miembros.

Reflexión: *Piense en formas en que falsos valores podrían estar influenciando a su iglesia y en cómo podría usted discutir este asunto.*

«Si obedecen mis mandamientos permanecerán en mi amor,
así como yo he obedecido los mandamientos de mi Padre y
permanezco en su amor». Juan 15:10

¡Qué maravillosa declaración sobre la relación que la obediencia crea y mantiene! El Hijo de Dios permanece en el
regazo del amor del Padre por virtud de su obediencia. Y el factor que capacita al Hijo de Dios para permanecer en el amor del
Padre se revela en su propia declaración: «Siempre hago lo que le
agrada» (Juan 8:29).

El regalo del Espíritu Santo en su plenitud y en una más rica
experiencia depende de la amorosa obediencia: «Si ustedes me
aman obedecerán mis mandamientos. Y yo le pediré al Padre y él
les dará otro Consolador para que los acompañe siempre» (Juan
14:15–16). La obediencia a Dios es una condición del desarro-
llo espiritual, de satisfacción interior y de estabilidad del corazón.
«¿Están ustedes dispuestos a obedecer? ¡Comerán lo mejor de la
tierra!» (Isaías 1:19). La obediencia abre las puertas de la santa
ciudad y da acceso al árbol de vida: «Dichosos los que guardan
sus mandamientos para tener derecho al árbol de la vida y para
poder entrar por las puertas de la ciudad» (Apocalipsis 22:14).

¿Qué es la obediencia? Es hacer la voluntad de Dios; es guardar
sus mandamientos. ¿Da Dios mandamientos que una persona
no pueda obedecer? La respuesta es que en todos los anales de
la Santa Escritura no se registra un solo caso en el que Dios haya
mandado a alguien a hacer algo que estaba por encima de su capacidad. ¿Es Dios tan injusto y desconsiderado como para exigirle

a una persona algo que es incapaz de hacer? De seguro que no. Deducir tal cosa es deshonrar el carácter de Dios.

Reflexión: *¿Por qué nos manda Dios a cada uno de nosotros a obedecerlo sin importar lo difícil que ello pueda ser a veces? ¿En qué áreas se le dificulta más a usted obedecer a Dios? ¿En qué medida está experimentando el poder capacitador del Espíritu Santo cuando enfrenta las dificultades para obedecer a Dios?*

«Les ruego, hermanos, por nuestro Señor Jesucristo y por el amor del Espíritu, que se unan conmigo en esta lucha y que oren a Dios por mí. Pídanle que me libre de caer en manos de los incrédulos que están en Judea». Romanos 15:30–31

Pablo tenía adversarios en Judea que lo acosaban y se le oponían. Y este hecho unido a otras razones de peso lo llevaron a instar a los cristianos Romanos a «unirse a él en esta lucha» en oración. La palabra «lucha» indica conflicto y un gran esfuerzo. Esta clase de esfuerzo y este tipo de espíritu es el que debe poseer todo soldado cristiano.

He aquí a un gran soldado, un capitán general en una gran lucha, enfrentado a fuerzas malignas que procuran su ruina. Su fuerza casi está agotada. ¿Con qué refuerzos puede contar? ¿Qué le puede ayudar y darle la victoria a un guerrero en una opresiva emergencia de esta naturaleza? Es un momento crítico en el conflicto. ¿Qué fuerza puede añadir a la energía de sus propias oraciones? La respuesta es: las oraciones de otros.

El soldado cristiano debe orar en todo momento y en cualquier circunstancia. Debe programar su oración de tal modo que cubra tanto sus momentos de paz como sus horas de activo conflicto. Debe estar disponible mientras marcha y mientras lucha. La oración debe disipar todos los esfuerzos, saturar todas las empresas y decidir todos los asuntos. El soldado cristiano tiene que ser tan intenso en la oración como lo es en la lucha porque sus victorias dependerán mucho más de sus oraciones que de la lucha. La súplica ferviente debe acompañar a la firme resolución; la oración y la súplica deben complementar la armadura de Dios.

El Espíritu Santo debe ayudar en la súplica con su propio ruego activo y el soldado debe orar en el Espíritu. En esto, como en las otras formas de lucha, la vigilancia eterna es el precio de la victoria. De ahí que el velar con persistente perseverancia debe distinguir cada actividad del guerrero cristiano.

Reflexión: *¿Qué tipos de batallas espirituales enfrenta usted en su vida diaria? ¿Cómo está respondiendo a ellas? ¿Qué función desempeña la oración en la lucha relacionada con sus actividades?*

«¡Que el SEÑOR, el Dios de sus antepasados, los multiplique mil veces más y los bendiga tal como lo prometió!».
Deuteronomio 1:11

Debemos humildemente recibir lo máximo y lograr el pleno beneficio de las ricas promesas de la Palabra de Dios y ponerlas a prueba. El mundo nunca recibirá los beneficios plenos del evangelio hasta que logremos lo dicho anteriormente. Ni la experiencia ni la vida cristiana serán lo que deben ser hasta que quienes oran pongan plenamente a prueba estas divinas promesas de la santa voluntad de Dios, en el ámbito de lo fáctico y lo real. La oración es la piedra filosofal que convierte esas promesas en oro.

Si alguien pregunta que se debe hacer para hacer reales las promesas de Dios, la respuesta es que debemos orar hasta que las palabras de la promesa se vistan con el rico traje del cumplimiento.

Reflexión: *¿Cómo influencia su visión de Dios —lo que usted cree que él es, y cómo usted cree que responde— su disposición de probar sus promesas en la Biblia? ¿Cuál es la diferencia entre creer las promesas de Dios y tratar de «reclamarlas»?*

«¡Oigan la palabra del Señor, gobernantes de Sodoma! [...]
Cuando levantan sus manos, yo aparto de ustedes mis ojos;
aunque multipliquen sus oraciones, no las escucharé. ¡Tienen
las manos llenas de sangre!». Isaías 1:10, 15

Para Dios, el carácter y la integridad son lo más importante.
Él ve el corazón del ser humano y esto es lo que tiene más
importancia y lo de mayor consecuencia. Lo que somos ante Dios
establece nuestra influencia con él. Fue el carácter interior y no la
apariencia externa de hombres tales como Abraham, Job, David,
Moisés y todos los demás, lo que ejerció gran influencia ante Dios
en los tiempos antiguos. Y hoy, no es tanto nuestras muchas palabras lo que realmente cuenta con Dios. La conducta afecta el
carácter e importa mucho más en nuestra oración. Al mismo
tiempo, el carácter afecta la conducta en mucha mayor medida y
ejerce una influencia superior en la oración. Nuestra vida interior
no solamente le da colorido a nuestra oración, sino a todo nuestro cuerpo.

Vivir mal significa orar mal y, al fin de cuentas, no orar. Nuestra
forma de orar es débil porque nuestra vida espiritual lo es también.
La fuerza de la cámara interior la forma la energía que fluye de los
confluentes manantiales de la vida. Y la debilidad en la oración tiene su origen en la superficialidad y la impostura del carácter.

La debilidad de la vida espiritual se refleja en la languidez de las
horas de oración. Sencillamente no podemos hablar con Dios con
vehemencia, con intimidad y con confianza, a menos que estemos
viviendo fielmente para él.

Nuestros momentos de devoción con Dios no pueden llegar a estar santificados cuando la vida es ajena a sus preceptos y su propósito. Debemos aprender bien esta lección. La rectitud de carácter y una conducta semejante a la de Cristo nos confieren una posición peculiar y preferencial delante de Dios en oración.

Reflexión: *¿Está usted realmente viviendo en fidelidad a Dios? ¿En cuáles áreas podría estar desobedeciendo a Dios y sus leyes? ¿Qué cree usted que el escritor quiere decir con su expresión «vida espiritual débil»?*

«Les aseguro que el que cree en mí también hará las obras que yo hago y aun las hará mayores, porque yo vuelvo al Padre. Cualquier cosa que ustedes pidan en mi nombre, yo la haré; así será glorificado el Padre en el Hijo». Juan 14:12–13

La fe en Cristo es el fundamento de toda acción y de toda oración. Toda obra grandiosa depende de oración igualmente grande, y toda oración se hace en el nombre de Jesucristo. ¡Qué maravillosa lección de sencillez es esta de orar en el nombre del Señor Jesús! Todas las demás condiciones pueden depreciarse, todo lo demás es renunciable, excepto Jesús. El nombre de Jesús tiene que ser soberano durante la hora de la oración.

Si Jesús permanece como mi fuente vital, si la obediencia a él es la inspiración y la fuerza de cada movimiento de mi vida, entonces él puede comprometerse consigo mismo mediante una obligación tan sólida como su propia naturaleza, que lo que yo pida me será concedido. Nada puede ser más claro —ni más distinto ni más ilimitado, tanto en la aplicación como en la extensión— que la exhortación y el apremio de Cristo: «¡Tengan fe en Dios!».

Reflexión: *¿Por qué la oración eficaz depende de la fe en Cristo? ¿Por qué es tan importante mantener la oración centrada en el poder y la autoridad de Jesús?*

«Por tanto, como no eres ni frío ni caliente, sino tibio, estoy por vomitarte de mi boca». Apocalipsis 3:16

¿Siente usted un profundo anhelo de comunión con Dios? ¿Conmueven su alma deseos intensos de buscarlo? ¿Suspira de deseo por los tesoros celestiales? ¡Ah, cuan a menudo el fuego de nuestro corazón arde demasiado débil y la llama apasionada del alma se ha temperado hasta convertirse en indiferente tibieza! Debemos recordar que esta fue la causa principal de la situación triste y desesperada de los cristianos de Laodicea, quienes recibieron la terrible represión de que eran ricos, se habían enriquecido y no les faltaba nada, pero no se daban cuenta de que, a los ojos de Dios, eran miserables, pobres, ciegos y desnudos» (Apocalipsis 3:17).

¿Tenemos nosotros ese deseo que nos impulsa a buscar una estrecha comunión con Dios, lleno de fuego indecible que nos anima en la agonía de una intensa y conmovida súplica? Nuestros corazones necesitan ser trabajados no solamente para echar el mal fuera sino para entronizar en ellos el bien. Y el fundamento y la inspiración de estas dos acciones es un deseo fuerte y compulsivo. Este fuego santo y ardiente en el alma despierta el interés del cielo, atrae la atención de Dios y pone a disposición de de quienes lo avivan las inagotables riquezas de la gracia divina.

Reflexión: *¿Cómo pueden reconocer los creyentes que son «tibios»? ¿Cuáles son algunas de las señales internas y externas de esta condición?*

«Mi casa será llamada casa de oración». Mateo 21:13

La oración debe ser siempre una figura central en la casa de Dios. Cuando la oración es allí algo extraño deja de ser la casa de Dios. Nuestro Señor hizo énfasis particular en lo que es la iglesia cuando echó fuera a los compradores y vendedores en el templo mientras repetía estas palabras del profeta Isaías: «Escrito está, mi casa, casa de oración será llamada» (Mateo 21:13). El Señor aquí destaca la oración y la pone por encima de todo lo demás en la casa de Dios. Las personas que minimizan la oración y la relegan a un lugar secundario, socavan la iglesia del Señor y la hacen menos de lo que se ha ordenado que sea.

La vida, el poder y la gloria de la iglesia se conjugan en la oración. La vida de sus miembros depende de la oración y la presencia de Dios se logra mediante la oración. El lugar mismo llega a ser sagrado por su ministerio. Sin ella, la iglesia carece de vida y de poder. Sin ella, aún el mismo edificio en sí mismo no es más que otros edificios, ni más que cualquier otra estructura. La oración convierte los ladrillos, el concreto y la madera en un santuario, en un lugar santísimo en donde habita la presencia de Dios. Sin oración el edificio podrá ser costoso, perfecto en todos sus detalles, atractivo a la vista, pero recibe al ser humano sin nada divino en él, entonces permanece al mismo nivel que otros edificios.

Reflexión: *¿Por qué cree usted que tantas iglesias en nuestros días dedican relativamente tan poco tiempo a la oración? ¿Qué podrían hacer los creyentes para estimular más la oración en sus iglesias?*

«Quiero que sepan, hermanos, que las buenas noticias que yo predico no es invención humana. No lo recibí ni lo aprendí de ningún ser humano, sino que me llegó por revelación de Jesucristo». Gálatas 1:11–12

Los grandes hombres y las mentes grandes no son ni los canales ni los depositarios de la revelación de Dios por razón de su cultura, su intelecto o su sabiduría. El sistema de Dios en la redención y en su providencia no es para ser razonado, ni está abierto solo al docto y al sabio. El docto y el sabio, cuando han seguido su conocimiento y su sabiduría, tristemente siempre han oscurecido los pensamientos de Dios y han fallado en conocer y sus caminos.

La condición para recibir la revelación de Dios y para asir su verdad es asunto del corazón no de la mente. La capacidad para recibir y para investigar debe ser como la del niño plena de inocencia y sencillez. Estas son las condiciones sobre las cuales Dios se revela a los seres humanos. El mundo no puede conocer a Dios mediante su sabiduría. Nunca puede recibir o comprender a Dios porque él se revela a los corazones de los hombres y las mujeres, no a sus mentes. Solo los corazones pueden llegar a conocer a Dios, sentirlo, verlo y leerlo en su Libro de los Libros. Son los sentimientos y no la mente los que asimilan a Dios. El mundo logra conocer a Dios por revelación no por la filosofía. No por la comprensión —la capacidad mental de captar a Dios— sino mediante su plasticidad: su capacidad de recibir impresiones. No es por un razonamiento fuerte, severo y grandioso que el mundo conoce a Dios o echa mano de él, sino por corazones grandes, tiernos y puros. Los seres humanos necesitan corazón para sentir a Dios mucho más de lo que necesitan la luz para verlo.

Reflexión: *¿Por qué no puede la gente conocer a Dios mediante su sabiduría terrena? ¿Qué ocurre cuando las personas basan su fe espiritual en su intelecto en vez de hacerlo en el corazón? ¿De qué maneras se ha revelado Dios a usted?*

«Después de despedir a la gente, subió a la montaña para orar a solas». Mateo 14:23

Jesucristo fue el maestro de la oración mediante el mandato y el ejemplo. Es notable su enseñanza sobre la naturaleza y la necesidad de la oración que registran los evangelios. En éstos vemos que su vida entera fue saturada con continua conversación y comunión con el Padre. Aunque no tuvo inconveniente en elevar sus oraciones en presencia de otras personas, no podemos dejar de notar cuan a menudo se retiró a un lugar solitario para orar. De igual manera les dijo a sus discípulos que practicaran la oración privada para evitar la tentación de la exhibición pública y posiblemente las distracciones que tan fácilmente desvían la mente de Dios.

La oración debe ser un ejercicio santo, no contaminado por la vanidad o el orgullo y debe hacerse en secreto. Dios vive allí —en el lugar secreto—, allí se le busca y allí se le encuentra.

Reflexión: *¿Por qué es tan importante pasar tiempo a solas con Dios? ¿Cómo podría usted destinar más tiempo y espacio para la oración solitaria?*

«Padre nuestro que estás en los cielos, santificado sea tu nombre». Lucas 11:2, RVR1960

La ley y los profetas Judíos conocían algo de Dios como Padre. Ellos tuvieron consoladores vislumbres —aunque ocasionales e imperfectos— de la gran verdad de la Paternidad de Dios y de nuestra relación con él como hijos. Cristo puso el fundamento de la oración profunda y fuerte con este principio básico. La ley de la oración, el derecho a orar, descansa sobre la relación de Padre e hijo. «Padre Nuestro» nos lleva a conectarnos con Dios.

La oración es la aproximación del hijo, su súplica y su derecho. Es la ley de la oración la que mira hacia arriba, la que levanta la vista hasta el «Padre Nuestro que está en los cielos». La casa de nuestro Padre es nuestro hogar en los cielos. La ciudadanía y la nostalgia celestiales se encuentran en la oración. La oración es la apelación de la bajeza, la vacuidad y la necesidad terrenas, a la altura, la plenitud y la absoluta suficiencia del cielo. Ella hace que la vista y el corazón se levanten hacia el cielo con anhelo, confianza y expectativa infantil.

Reflexión: *Piense en la manera como usted se acerca a Dios con anhelo, confianza y expectativa infantil. Si hasta ahora no lo ha hecho, ¿le gustaría hacerlo así todos los días?*

Las promesas de Dios: crea y reciba

«Llamarás y el Señor responderá; pedirás ayuda y él dirá: "Aquí estoy"». Isaías 58:9

L as promesas de Dios, como cuerpos gigantes sin vida, yacen en el decaimiento y en el polvo y así permanecerán a menos que los seres humanos se apropien de ellas y les den vida mediante la oración fervorosa y prevaleciente. La respuesta a la oración está asegurada no solamente por las promesas divinas, sino también por la relación de Dios con nosotros como Padre: «Pero tú, cuando te pongas a orar, entra en tu cuarto, cierra la puerta y ora a tu Padre, que está en lo secreto. Así tu Padre, que ve lo que se hace en secreto, te recompensará» (Mateo 6:6).

Dios nos anima a orar no solamente por la certeza de la respuesta sino por la generosidad de la promesa y la liberalidad del dador. El reto de Dios para nosotros es: «Clama a mí y te responderé, y te daré a conocer cosas grandes y ocultas que tú no sabes» (Jeremías 33:3).

Reflexión: *¿Por qué piensa que Dios está tan deseoso de que usted clame a él? ¿Cómo puede usted «activar» las promesas divinas en su vida?*

«Por lo tanto, si estás presentando tu ofrenda en el altar y allí recuerdas que tu hermano tiene algo contra ti, deja tu ofrenda allí delante del altar. Ve primero y reconcíliate con tu hermano; luego vuelve y presenta tu ofrenda». Mateo 5:23–24

Quien intenta orar a Dios con espíritu enojado, con un corazón sin reconciliarse y con cuentas pendientes con su prójimo, está esforzándose en vano. Porque los rencores, la amarguras y la acritud quebrantan la ley de la oración. Ciertamente la ley de Cristo en relación con la oración es rígida y exigente. Ella va al corazón y demanda que el amor fraternal sea entronizado allí. El sacrificio de la oración tiene que ser sazonado y perfumado con amor; un amor que permanezca en el corazón, en la mente y en el alma.

Reflexión: *¿Por qué no debe guardar resentimientos la persona que ora? ¿Hay alguien a quien usted necesita pedirle perdón, o perdonarlo?*

Busque el poder de Dios para las tareas

«Maestro —respondió un hombre de entre la multitud—, te he traído a mi hijo, pues está poseído por un espíritu que le ha quitado el habla. Cada vez que se apodera de él, lo derriba. Echa espumarajos, cruje los dientes y se queda rígido. Pedí a tus discípulos que lo expulsaran, pero no lo lograron.».
Marcos 9:17–18

Al descender Jesús del Monte de la Transfiguración encontró a sus discípulos derrotados, humillados y confundidos en presencia de sus enemigos. Un padre les había llevado su hijo endemoniado para que le expulsaran el demonio y ellos trataron de hacerlo, pero fracasaron. Ellos habían sido comisionados y enviados por Jesús a hacer precisamente ese trabajo, pero sus esfuerzos fueron vanos. «Cuando Jesús entró en casa, sus discípulos le preguntaron en privado: ¿Por qué nosotros no pudimos expulsarlo? Y Jesús les respondió: Esta clase de demonios solo puede ser expulsada a fuerza de oración» (Marcos 9:28 -29).

La fe de los discípulos no había sido cultivada con oración. Fracasaron en la oración antes de fracasar en la tarea. Su fe fracasó porque su oración había fracasado antes. Lo que era necesario hacer antes de realizar la obra de Dios era orar. La obra que Dios nos manda a hacer no se puede efectuar sin oración.

Reflexión: *¿Ora usted regularmente por sus actividades, por la obra diaria que Dios lo ha llamado a hacer? ¿Qué cosas le impiden orar por todo, incluyendo sus responsabilidades de cada día?*

«Pidan y se les dará; busquen y encontrarán; llamen y se les abrirá». Mateo 7:7

Nuestro Señor mismo se esforzó en dejar bien claro y en enfatizar que Dios responde la oración, inevitablemente y con toda certeza y seguridad. Él dijo que es deber del hijo pedir y perseverar, y que el Padre está obligado a responder y a conceder lo pedido.

En las enseñanzas de Cristo la oración no es una acción vana y estéril. No es un mero ritual sino la demanda de una respuesta, una súplica para obtener algo, la búsqueda de un gran bien de parte de Dios. Es una lección de obtener aquello por lo que pedimos, de encontrar lo que buscamos, y de entrar por la puerta en donde hemos llamado.

Reflexión: *¿Cómo cambiarían las oraciones de algunos creyentes si vieran de esta manera la acción de orar? ¿Por qué a veces la oración se convierte en un ritual más que en una dinámica interacción con Dios?*

Él me invocará y yo le responderé; estaré con él en momentos de angustia, lo libraré y lo llenaré de honores». Salmo 91:15

Durante la última parte de su vida terrenal Cristo instó a hacer uso de la oración como una herramienta preventiva contra los muchos males a los cuales sus discípulos estaban expuestos. En vista de los temibles horrores de la destrucción de Jerusalén, al efecto les hace este encargo: «Oren para que su huída no suceda en invierno» (Mateo 24:20).

Cuántos males en esta vida se pueden evitar mediante la oración. Cuántas horribles calamidades temporales se pueden mitigar, si no aliviar por completo, por la oración. Note cómo en medio de los excesos y abrumadoras influencias a las cuales estamos expuestos en este mundo, Cristo nos encarga que oremos: «Tengan cuidado... de otra manera aquel día caerá de improviso sobre ustedes, pues vendrá como una trampa sobre todos los habitantes de la tierra. Estén siempre vigilantes, y oren para que puedan escapar de todo lo que está por suceder, y presentarse delante del Hijo del hombre» (Mateo 21:34–36).

Reflexión: *¿En cuáles áreas está usted expuesto a influencias malignas? ¿Cómo podría hacer la oración una diferencia positiva al enfrentar estas influencias?*

«Por aquel tiempo se fue Jesús a la montaña a orar, y pasó toda la noche en oración a Dios». Lucas 6:12

Jesús fue siempre un hombre ocupado con su trabajo, pero nunca estuvo demasiado ocupado como para dejar de orar. La más divina de las ocupaciones siempre llenó su corazón, ocupó sus manos, consumió su tiempo y desgastó sus nervios. Pero para él, aún la obra de Dios no podía impedirle orar a su Padre. Salvar a la gente de su pecado y su sufrimiento no puede ser substituto de la oración, ni reducir al mínimo el tiempo o la intensidad de la más santa de todas las actividades. Jesús se ocupó durante el día de trabajar para Dios y utilizó la noche para orar. El trabajo diurno hizo de la oración nocturna una necesidad. La oración de la noche santificó e hizo exitosa la labor del día.

Reflexión: *¿Cómo se aplica la verdad de esta lectura a usted: a su trabajo, sus actividades diarias, sus metas y sus sueños? ¿Cómo puede usted dedicar más tiempo para cubrir su trabajo con oración?*

La Palabra de Dios:
un fundamento seguro

«Tu palabra es una lámpara a mis pies; es una luz en mi sendero».
Salmo 119:105

La fe acepta la Biblia como la Palabra y la voluntad de Dios, y descansa sobre esta verdad sin ninguna otra evidencia. La fe acepta la Palabra de Dios como incuestionable evidencia de cualquier hecho y se regocija en él como verdadero porque Dios lo afirma en su Palabra.

Muchos de los hechos que nos revela la Biblia reciben la credencial de nuestra razón como cosas creíbles y que tienen sentido. Otros hechos en cambio van más allá de la razón y no existe visión ni analogía para medirlos. Ya sea que la Palabra de Dios *confirme* las creencias que ya tenemos, o *cuestione* aquellas con las cuales estamos luchando, podemos tener la seguridad de que cada principio y cada precepto revelados son absolutamente verdaderos.

Reflexión: *¿Qué ocurre cuando las personas «»seleccionan y escogen» los principios de la Biblia que desean obedecer? ¿Cómo sirve la Biblia de fundamento para quienes creen en su absoluta veracidad?*

«Pues si ustedes, aún siendo malos, saben dar cosas buenas a sus hijos, ¡cuánto más su Padre que está en el cielo dará cosas buenas a los que le pidan!». Mateo 7:11

En la vida de Moisés las grandes características de la oración eran prominentes. Él nunca dio palos al aire ni peleó batallas simuladas. El asunto más serio y tenaz de su vida tenaz y seria, fue la oración. Se entregaba a ella con el más intenso fervor de su alma. Tan íntima como era su relación con Dios, ella no eliminaba su necesidad de orar. Esta intimidad solo le permitió tener una visión más clara de la naturaleza y la necesidad de la oración, y lo llevó a ver la gran obligación de orar y de descubrir resultados mayores mediante la oración.

Al pasar revista a una crisis por la cual atravesó Israel, escribió: «Yo me quedé postrado ante el Señor esos cuarenta días y cuarenta noches» (Deuteronomio 9:25). ¡Extraordinaria oración y maravillosos resultados! Moisés sabía cómo entrar en oración extraordinaria y cómo lograr resultados maravillosos.

Toda la fuerza de la proclamación bíblica tiende a aumentar nuestra fe en la doctrina de que la oración mueve a Dios y consigue favores divinos que no se lograrían de otra manera y que Dios no concederá si no oramos. El canon completo de las enseñanzas bíblicas ilustra la gran verdad de que Dios oye y responde la oración. Uno de los grandes propósitos en su Palabra es grabar indeleblemente en nosotros la gran importancia, el inapreciable valor, y la absoluta necesidad de pedirle cosas que necesitamos ahora y en la eternidad. Nos insta, haciendo uso de todas las reflexiones, y nos presiona y advierte teniendo en cuenta todos nuestros intereses. Nos señala a su Hijo con su atención puesta en nosotros para nuestro bien, con su compromiso de que la oración será respondida, enseñándonos que Dios es nuestro Padre, en capacidad de hacer todo por nosotros y de darnos todas las cosas, en mucha mayor medida de lo que los padres humanos pueden o están dispuestos a hacer por sus hijos.

Reflexión: *¿Qué tan diferente sería su vida si, como Moisés, usted dedicara más tiempo al serio asunto de la oración? ¿Qué hace a la oración «tenaz» y no fácil?*

«Cuando Daniel supo que el edicto había sido firmado, entró en su casa, y abiertas las ventanas de su cámara que daban hacia Jerusalén, se arrodillaba tres veces al día, y oraba y daba gracias delante de su Dios, como lo solía hacer antes».
Daniel 6:10, RVRI960

El asunto más importante que tenemos es la oración y nunca oraremos bien a menos que nos dediquemos a ello con todas nuestras fuerzas. Jamás vamos a orar adecuadamente si no establecemos las mejores condiciones para hacerlo. Satanás ha sufrido tanto debido a las buenas oraciones que utilizará todas sus sutiles, marrulleras, e insidiosas ardides a fin de paralizar su desempeño.

Debemos atarnos a la oración por todos los medios que sea posible encontrar. Ser negligentes en cuanto al tiempo y el lugar de la oración es abrirle la puerta a Satanás. Ser exigentes, prontos, rectos y cuidadosos aún en las cosas pequeñas es afianzarnos contra el maligno.

Reflexión: *¿Qué clase de «ardides» utiliza Satanás a fin de paralizar nuestra oración? ¿Cuáles ha utilizado para estorbar sus oraciones?*

«Para mí el bien es estar cerca de Dios. He hecho del Señor Soberano mi refugio para contar todas sus obras». Salmo 73:28

Nuestras devociones no son medidas por el reloj, pero el tiempo hace parte de su esencia. Las devociones cortas son la ruina de la profundidad de la piedad. La prisa nunca es compañera de la calma, la comprensión y la fortaleza. Las devociones cortas agotan el vigor, impiden el progreso, socavan la base, secan las raíces y marchitan la floración de la vida espiritual. Son la fuente prolífica de la apostasía y de una piedad superficial. Ellas engañan, marchitan, pudren la semilla y empobrecen el terreno.

El trabajo espiritual es un trabajo abrumador y los seres humanos son renuentes a hacerlo. Encontrar a Dios y estudiar su Palabra con profundidad demanda una seria inversión de tiempo y atención que no agrada a la carne. Pocas personas tienen la fibra o la madera para hacer un costoso esfuerzo. Podemos habituarnos al más pobre esfuerzo hasta que nos parece suficientemente bueno, por lo menos para guardar las apariencias y tranquilizar la consciencia, lo cual es el más mortal de los narcóticos. Podemos reducir el tiempo de nuestras devociones con Dios y no darnos cuenta del peligro que ello implica hasta que los cimientos se derrumban. Las devociones apresuradas debilitan la fe y hacen cuestionable la piedad. Ser pequeño *con* Dios es ser pequeño *para* él.

Reflexión: *¿Por qué tantos cristianos evitan pasar tiempo más largo y sin prisa con Dios? ¿Qué puede usted esperar que ocurra cuando no hace de invertir tiempo amplio y enriquecedor con Dios?*

«Pidan, y recibirán para que su alegría sea completa».
Juan 16:24

M uchos escriben y hablan acerca de los beneficios subjetivos de la oración, de cómo ella logra la plenitud de resultados, no por influenciar a Dios sino influenciándonos a nosotros. Tales maestros nos enseñan que la incumbencia de la oración no es *recibir* de Dios, sino *entrenarnos* a nosotros para ser piadosos. De ese modo la oración llega a ser nada más que una mera actuación, un instructor, una escuela en la cual se enseñan la paciencia, la tranquilidad y la dependencia. En esta escuela, la no respuesta a la oración es el maestro más valioso.

Qué bien puede parecer todo esto, y qué razonable puede aparentar, pero no tiene ningún fundamento en las Escrituras. El lenguaje claro y repetitivo de la Biblia es que Dios responde la oración, que él ocupa la posición de Padre celestial para nosotros y que, como Padre, nos da las cosas que le pedimos. Por lo tanto, la oración si obtiene respuestas.

Reflexión: *¿De qué maneras ha sido influenciado usted por personas que le han advertido que no debe esperar respuesta de Dios a sus oraciones? ¿Cómo afecta tal enseñanza el deseo de la gente de orar?*

«Dios mismo, el Dios de toda gracia que los llamó a su gloria eterna en Cristo, los restaurará y los hará fuertes, firmes y estables». 1 Pedro 5:10

Es en el fuego del sufrimiento que Dios purifica a sus santos y los eleva a niveles superiores. Es en el horno que prueba su fe y su paciencia, y que desarrolla en ellos toda esas ricas virtudes que hacen el carácter cristiano. Y es mientras pasan por aguas turbulentas que él muestra cuan sensible es a su confiada oración.

Se requieren una fe y una experiencia cristiana muy por encima del nivel religioso promedio en nuestros días para estar alegres cuando se nos hace pasar por tribulación. El supremo objetivo de Dios al tratar con sus hijos es desarrollar su carácter cristiano. Él procura producir en nosotros esas ricas virtudes que caracterizan a nuestro Señor Jesucristo. Su propósito es hacernos como él. Lo que espera de nosotros no es mucho trabajo ni que seamos grandes. Y es la presencia de la paciencia, la mansedumbre, la sumisión a su divina voluntad y la oración la que realiza todo esto para él. Él busca reproducir su propia imagen en nosotros y, de alguna manera, las dificultades lo logran porque este es su fin y su propósito. Esa es su tarea. Ellas no son un incidente casual en nuestras vidas sino un predeterminado designio del sabio Diseñador que las utiliza como sus agentes para producir los más grandes resultados.

Reflexión: *¿Cómo cambiaría nuestra perspectiva sobre el sufrimiento si creyéramos las verdades mencionadas? ¿Qué podría estar Dios tratando de realizar en su vida mediante las dificultades?*

«¡Te daré gracias porque me respondiste, porque eres mi salvación!». Salmo 118:21

La oración no es un mero hábito forjado por la costumbre y la memoria o alguna tarea que se debe completar. No es un deber con el que se debe cumplir por obligación para acallar la consciencia. Ni es un mero privilegio o una indulgencia sagrada que hay que aprovechar al gusto o a discreción de la voluntad, cuya omisión no acarrea ninguna consecuencia grave.

La oración es un solemne servicio que le debemos a Dios, es adoración, es expresarle algún deseo o necesidad a él que satisface todos los deseos y suple todas las necesidades, y quien como Padre encuentra gran placer en hacer tal cosa por sus hijos. La oración es la petición que el hijo presenta al Padre, no que entrega a los vientos del mundo. Es los brazos del hijo que se extienden en busca de la ayuda del Padre. Es su clamor a los oídos paternos y a su corazón amoroso, confiando en la capacidad paterna de oír, sentir y aliviar.

Reflexión: *¿Ve usted la oración como el «clamor de un hijo» a un Padre amoroso? ¿Cómo puede desarrollar una relación más estrecha con su Padre celestial?*

«Si permanecen en mí y mis palabras permanecen en ustedes, pidan lo que quieran y se les concederá». Juan 15:7

Aquí tenemos que una firme actitud es condición de la oración. No simplemente una actitud determinada en cuanto a los grandes principios o propósitos de la vida, sino la firme actitud de vivir la vida con Jesucristo. De vivir en él, de ser uno con él, y permitir que su vida fluya a través de nosotros. Esta debe ser la actitud y la condición de la oración. La palabra debe permanecer en nosotros para que haga nacer la oración y la alimente. La consciencia o el reconocimiento de que pertenecemos a Cristo es condición para la oración.

A los santos del Antiguo Testamento se les había enseñado que Dios exalta su Palabra aún por encima de su nombre (Sal 138:2). Los santos del Nuevo Testamento deben haber aprendido esa Palabra hablada por los labios de quien es la verdad. Las personas que oraban bajo el ministerio de Cristo deben haber aprendido lo que la gente bajo la dirección de Moisés ya había aprendido, que «no solo de pan vive el hombre, sino de toda palabra que sale de la boca de Dios» (Mateo 4:4). La vida de Cristo fluyendo a través nuestro y sus palabras en nosotros, le transmite potencia a la oración. Ellas alientan el espíritu de oración y constituyen su cuerpo, su sangre y sus huesos. Es Cristo orando en mí y a través de mí.

Reflexión: *Piense acerca del estudio de la Biblia y sus momentos de oración a la luz de esta lectura. ¿Qué implica vivir de acuerdo a la Palabra de Dios? ¿Qué tan fuerte es su compromiso de actuar así?*

«No te pido que los quites del mundo, sino que los protejas del maligno. Ellos no son del mundo, como tampoco lo soy yo».
Juan 17:15–16

¡De qué manera el mundo seduce, deslumbra y engaña a los hijos de Dios! Los discípulos de Cristo son escogidos para estar fuera del mundo, de su bullicio y mundanalidad, de su voraz codicia, de su deseo y de su amor y afán por el dinero. El mundo atrae y atrapa como si estuviera hecho de oro y no de suciedad.

Los discípulos debían ser guardados no solamente del pecado y de Satanás, sino de la suciedad, la mancha y la corrupción de la mundanalidad, así como Cristo fue guardado de ellas. Su relación con Cristo no solamente debía liberarlos de la corrupción contaminante del mundo, de su amor impuro y de sus amistades perversas, sino del odio mundano que inevitablemente provocarían cuando fueran semejantes a él. Ninguna otra consecuencia es tan inevitable y universalmente inherente a su causa como esta: «El mundo los ha odiado porque no son del mundo» (Juan 17:14).

¡Qué pronunciado y radical fue el divorcio de Jesucristo con el mundo! ¡Y cuánto también el de los verdaderos seguidores del Señor! El mundo odia al discípulo tal como odió al Maestro, y así como crucificó a éste, crucificará también al discípulo. Qué pertinente resulta la pregunta: ¿Hemos seguido el ejemplo de Cristo de estar *en* el mundo pero no ser *del* mundo?

Reflexión: *¿Sufre usted las consecuencias de ser semejante a Cristo? ¿Qué exactamente significa estar en el mundo pero no ser de él?*

«Ten piedad de mí, Señor, porque a ti clamo todo el día».
Salmo 86:3

La oración no es insignificante invención del hombre ni alivio imaginario de males imaginarios. No es una acción triste, muerta y relacionada con los muertos. La oración es un acto mediante el cual Dios le da poder al hombre, un acto vivo y dispensador de vida, alegre e inspirador de alegría. La oración es el contacto de un alma viviente con Dios. En la oración Dios se inclina a besar y a bendecir al ser humano y a ayudarlo en todas las formas que Dios pueda idear o que el hombre pueda necesitar. La oración llena el vacío del ser humano con la plenitud de Dios, su pobreza con las riquezas del cielo, y su debilidad con la fortaleza divina. Hace desvanecer la pequeñez del hombre ante la grandeza de Dios. La oración es el medio de Dios para suplir las grandes y continuas necesidades del hombre con su abundancia grande y permanente.

¿Qué clase de oración es esta a la cual es llamado el hombre? No es una mera forma, o un juego de niños. Es tarea seria y difícil. Es el trabajo más varonil, poderoso y divino que el hombre pueda realizar. La oración levanta a hombres y mujeres de lo terreno y los eleva a lo celestial. Los seres humanos nunca están más cerca de los cielos y más cerca de Dios, ni son más semejantes a Dios, ni disfrutan de más profunda simpatía de Jesús ni están en mejor sociedad con él que cuando oran.

Reflexión: *¿Qué tan diferente es la perspectiva de la oración de lo que ha aprendido? Tome tiempo para orar y agradecer a Dios.*

«Para que todos sean uno. Padre, así como tú estás en mí y yo en ti, permite que ellos también estén en nosotros, para que el mundo crea que tú me has enviado». Juan 17:21

Note cuan importante es para el corazón de Cristo esta unidad. Qué triste historia y qué sangrientos anales han escrito en la iglesia de Dios esta falta de unidad y estos muros de separación, alienación y división que tanto mal le han hecho a la causa de Cristo. La unidad del pueblo de Dios debía ser la herencia de la gloria de Dios que se le había prometido. La contienda y el conflicto son el legado del Diablo a la iglesia, una herencia de fracaso, debilidad, vergüenza e infortunio.

La unidad del pueblo de Dios debía ser su credencial ante el mundo de la divinidad de la misión de Cristo sobre la tierra. Preguntémonos con toda sinceridad: «¿Estamos procurando ardientemente la clase de unidad por la cual oró el Señor? ¿Buscamos la paz, el bienestar, la gloria y la divinidad de la causa de Dios tal como se encuentra en la unidad de su pueblo?

Reflexión: *¿De dónde viene la unidad entre los cristianos? ¿Está usted orando por la unidad entre los miembros de la familia, entre la gente que asiste a la iglesia, entre los cristianos como un solo cuerpo? ¿Qué podría hacer usted para promover la unidad durante esta próxima semana?*

«No les hablé ni les prediqué con palabras sabias y elocuentes, sino con demostración del poder del Espíritu, para que la fe de ustedes no dependiera de la sabiduría humana, sino del poder de Dios». 1 Corintios 2:4–5

Lo que la iglesia necesita hoy no es mejor maquinaria y mejor forma de operar, ni nuevos planes y programas, ni nuevos métodos y organizaciones. Lo que la iglesia necesita son personas a quienes el Espíritu Santo pueda utilizar, personas totalmente rendidas a Dios, dedicadas a la santidad, deseosas de sacrificarlo todo por la causa de Cristo. El Espíritu Santo no fluye a través de métodos sino de personas. No habita en la maquinaria sino en los creyentes. No unge los planes sino a los fieles.

Si la iglesia ha de transformar este mundo necesita creyentes dispuestos a ser transformados en vasos útiles para el servicio de Dios.

Reflexión: *¿Qué ocurre cuando las iglesias enfatizan los programas en vez de enfatizar la santidad de los creyentes? ¿Qué tan dispuesto está usted a ser transformado por Dios para poder participar plenamente en su misión transformadora del mundo?*

«Pero ahora que han sido liberados del pecado y se han puesto al servicio de Dios, cosechan la santidad que conduce a la vida eterna». Romanos 6:22

Con constancia y diligencia Cristo declaró que él vino a hacer la voluntad del Padre y no la propia. De igual manera quien sigue a Cristo en oración debe tener la voluntad de Dios como su ley, su norma y su inspiración. La vida y el carácter fluyen en los momentos devocionales con Dios. Hay una acción y reacción mutuas. Los momentos de oración tienen mucho que ver con el carácter, y el carácter tiene mucho que ver con ellos. «La oración del justo es poderosa y eficaz» (Santiago 5:16).

Cristo fue el más grande entre todos los que oran porque él fue el más santo de los hombres. Su carácter es el carácter de la oración. Su Espíritu es la vida y el poder de la oración. Quien ora mejor no es quien tiene la mayor facilidad de palabra, la imaginación más brillante o los más ricos dones y el más ardiente fervor, sino quien está más saturado por el Espíritu de Cristo.

Reflexión: *¿Qué implica la «santidad»? ¿Cómo ha influenciado su carácter a su oración?*

«Les daré un corazón para que me conozcan». Jeremías 24:7

E l corazón, y no la mente, determina la calidad de la devoción espiritual de uno. Es el corazón el que somete la vida al amor y a la fidelidad. Es más fácil llenar la cabeza que preparar el corazón, y más fácil también preparar un sermón sesudo y cerebral que uno salido del corazón. Fue el corazón el que bajó al Hijo de Dios de los cielos a la tierra, y es el corazón el que lleva a los hombres y mujeres de la tierra a los cielos. El mundo necesita personas con corazones santos y amorosos que puedan simpatizar con su desgracia, limpiar sus lágrimas y aliviar su dolor. Cristo fue eminentemente el varón de dolores porque fue preeminentemente el hombre de corazón.

«Dame hijo mío tu corazón» es la demanda de Dios a sus hijos. Quien no siembra con el corazón jamás recogerá una cosecha para Dios.

Reflexión: *¿Por qué en algunos círculos cristianos hay tanto énfasis en la mente, y no en el corazón? ¿Qué cualidades exhibe un corazón santo y amoroso?*

«Un día en que todos acudían a Juan para que los bautizara, Jesús fue bautizado también. Y mientras oraba, se abrió el cielo 22 y el Espíritu Santo bajó sobre él en forma de paloma».
Lucas 3:21–22

Las oraciones de nuestro Señor ilustran la gran verdad de que la apertura de los cielos, la voz de aprobación y la medida mayor del Espíritu Santo, solo se consiguen mediante la oración. Eso es lo que sugiere lo acontecido durante el bautismo de Jesús por Juan el Bautista. Cuando Jesús oró después de ser bautizado, inmediatamente el Espíritu Santo descendió sobre él como una paloma.

Este momento fue más que ilustrativo para él. Este instante crucial fue real y personal y lo consagró y lo calificó para los más altos propósitos de Dios. La oración fue para él (tal como lo es para nosotros) una necesidad, una condición absoluta e invariable para lograr la plenitud del poder consagrador y calificador de Dios. El Espíritu Santo vino sobre él en plenitud de medida y de poder solo en respuesta a su ardiente e intensa oración.

Reflexión: *¿Está de acuerdo usted con que la oración es una condición necesaria para recibir la plenitud del poder de Dios? ¿Qué exactamente es la oración «ardiente e intensa»?*

«Porque no tenemos un sumo sacerdote incapaz de compadecerse de nuestras debilidades, sino uno que ha sido tentado en todo de la misma manera que nosotros, aunque sin pecado». Hebreos 4:15

Tenemos un Salvador compasivo que «puede tratar con paciencia a los ignorantes y extraviados» (Hebreos 5:2). La compasión de nuestro Señor va bien con él por ser el Gran Sumo Sacerdote de la raza de Adán, caída, perdida e impotente. Y si él está lleno de tal compasión que lo mueve en la diestra del Padre a interceder por nosotros, luego nosotros debemos tener la misma compasión por los perdidos. Oraremos por los demás en la medida en que tengamos compasión por ellos. La compasión nos pone de rodillas en oración intercesora por quienes necesitan a Cristo y su gracia. La compasión nos impulsa a ser generosos y amorosos al punto de señalarles el camino.

Reflexión: *¿Cómo se demuestra la compasión en nuestra vida día por día? ¿A quién, en su círculo de amigos y relacionados, puede usted mostrarle amor y compasión esta semana?*

«Jesús, alzando la vista, dijo: Padre, te doy gracias porque me has escuchado». Juan 11:41

Frente a la tumba de Lázaro nuestro Señor invocó al Padre en los cielos antes de volver el muerto a la vida. Había mucho en ese gesto de Jesús de levantar sus ojos al cielo. Cuánta confianza y súplica había en esa mirada a los cielos. Su sola mirada, la acción de levantar sus ojos levantó todo su ser hacia el cielo, produjo una pausa en ese mundo y atrajo la atención y la ayuda. Todos los cielos se comprometieron y se movieron cuando el Hijo de Dios fijó su mirada en esa tumba.

¡Benditos los hombres y mujeres con mirada como la de Cristo que se levanta hacia los cielos y los conmueve! Tal como en el caso de Cristo debemos nosotros perfeccionar nuestra fe y ser tan diestros en la oración de tal forma que podamos levantar nuestros ojos al cielo y con profunda humildad e imperativa confianza decir con Jesús: «Padre, te doy gracias porque me has escuchado».

Reflexión: *¿Siente usted que Dios lo escucha cuando clama a él por ayuda? ¿De qué maneras ha mirado usted a los cielos pidiendo ayuda recientemente?*

«El aguijón de la muerte es el pecado y el poder del pecado es la Ley. ¡Pero gracias a Dios que nos da la victoria por medio de nuestro Señor Jesucristo!». 1 Corintios 15:56–57

En la persona de Jesús —en sus actos y sus enseñanzas— la muerte mantiene un lugar esencial y notable. Y no podía ser de otro modo. Ella ejerce un dominio ruinoso e impositivo sobre la raza que Jesucristo vino a redimir. No podía haber redención del hombre sin una invasión a los dominios de la muerte. No podía brillar la luz del sol para la humanidad mientras las nubes y la noche de la muerte pendieran sobre ella densas y atemorizantes. El Emancipador tenía que romper los lazos que la aprisionaban, la estrangulaban y la esclavizaban.

Cristo vino para confrontar la muerte, para desmantelar su imperio y arrebatarle la corona a su rey hasta que cada uno de sus prisioneros pudiera gritar: «La muerte ha sido devorada por la victoria. ¿Dónde está, oh muerte, tu victoria? ¿Dónde está, oh muerte, tu aguijón? (1 Corintios 15:54–55). La resurrección es la joya preciosa del evangelio. El Espíritu Santo inspira carácter y llena al ser humano con su gloriosa esperanza de resurrección. Mientras más tenemos del poder del Espíritu Santo, más profunda y fuerte es la convicción de la resurrección.

Reflexión: *¿Qué significa para usted el triunfo de Jesús sobre la muerte? ¿Qué diferencia hace la resurrección en su vida diaria y en su futuro?*

«Yo, el SEÑOR, sondeo el corazón y examino los pensamientos, para darle a cada uno según sus acciones y según el fruto de sus obras». Jeremías 17:10

Las personas pueden hacer muchas cosas buenas y no tener todavía un corazón santo y una conducta recta. Pueden hacer muchas buenas obras y carecer de la cualidad espiritual interior que se llama santidad. Aunque se realicen buenas acciones, serán siempre limitadas en su alcance y su poder si no se realizan en el nombre y en el espíritu de amor a Dios.

Cuan grande es la necesidad de escuchar las palabras de Pablo advirtiéndonos acerca del auto engaño en cuanto a la gran obra de la salvación personal: «No se engañen: de Dios nadie se burla. Cada uno cosecha lo que siembra» (Gálatas 6:7). Lo que se siembra en un corazón piadoso y devoto se cosechará en una vida de fructífero servicio.

Reflexión: *Ore y pídale a Dios que le revele las áreas de su vida en las que usted esté sembrando pecado. Luego considere el sacrificio que está dispuesto a hacer a fin de vivir una vida santa que coseche las bendiciones de Dios.*

«Escucha, oh Dios, mi oración; no pases por alto mi súplica.
¡Óyeme y respóndeme, porque mis angustias me perturban!».
Salmo 55:1–2

Como un valeroso soldado que a medida que el conflicto aumenta en rigor exhibe un coraje mayor que el que demostró en las fases anteriores de la batalla, así es el cristiano que ora; cuando enfrenta demoras y negativas, aumenta su fervor en la súplica y no cesa hasta que su oración prevalece.

Moisés nos provee un ilustrativo ejemplo de importunidad en la oración. En vez de permitir que su cercanía a Dios y su intimidad con él lo dispensaran de la necesidad de la importunidad, considera que éstas más bien le son útiles para su ejercicio. Cuando los Israelitas erigieron el becerro de oro, la ira de Dios se encendió contra ellos. El Señor, determinado a hacer justicia y al divulgar lo que se proponía a hacer, le dijo a Moisés: «Ahora pues, déjame... que los consuma» (Éxodo 32:10). Pero Moisés *no* dejó al Señor. Él se postró en el suelo ante Dios en una agonía intercesora a favor de los Israelitas pecadores y durante cuarenta días con sus noches ayunó y oró (Deuteronomio 9:25). ¡Qué tremenda sesión de oración importuna fue esa!

Reflexión: *¿Con qué intensidad le ha estado pidiendo usted a Dios que supla sus necesidades particulares? ¿Por qué es a menudo tan difícil continuar pidiéndole a Dios que supla las mismas necesidades?*

Índice de temas

Consuelo

Creer

Crecimiento espiritual

Cuerpo de Cristo

Índice de temas

Índice de temas

Índice de temas

Índice de temas

Índice de temas

Índice de temas

Índice de temas

Índice de pasajes bíblicos

Índice de pasajes bíblicos

Índice de pasajes bíblicos